LINDAUERS HÄUSLICHER UNTERRICHT

Band 24

Abitur Latein

Eine Anleitung zu methodischer, wirksamer Vorbereitung
mit speziellen Hinweisen für die Kollegstufe

von

Dr. Gerhard Fink

20 Aufgabenkreise mit Lösungen

D1722245

J. LINDAUER VERLAG · MÜNCHEN

Lindauers Häuslicher Unterricht

© 1976 by J. Lindauer Verlag (Schaefer), Kaufingerstr. 29, 8000 München 2
Alle Rechte, insbesondere das der Übersetzung in fremde Sprachen, vorbehalten. Ohne ausdrückliche
Genehmigung des Verlages ist es auch nicht gestattet, dieses Buch oder Teile daraus auf fotomechanischem
Wege (Photokopie und Mikrokopie) oder auf eine andere Art zu vervielfältigen
Umschlagentwurf: Fritz A. Schubotz   Zeichnungen: Marlies Fink
Gesamtherstellung: Friedrich Pustet, Regensburg
Printed in Germany
ISBN 3-87488-124-5

Inhalt

1. Vorbemerkungen

1.1 Was Sie von diesem Buch nicht erwarten sollten

Falls Sie sich den vorliegenden LHU-Band erst so etwa vierzehn Tage vor dem Abitur besorgt haben und sich von ihm wunderbare Wirkungen erhoffen, dann tauschen Sie ihn bitte gleich gegen einen Krimi oder ein Kochbuch um!

Er würde nämlich bei einem notwendigerweise eiligen Durchgang eher verwirren und enttäuschen als helfen, da er weder in der Lage ist, Ihre Vokabelkenntnisse sprunghaft zu aktivieren, noch spontane Einsicht in die Struktur lateinischer Perioden vermittelt, auch keine Geheimtips zum Bestehen der Reifeprüfung in Latein trotz elementarer Unkenntnisse enthält und, was nicht verschwiegen werden darf, Energie und ziemlichen Zeitaufwand voraussetzt, wenn er zu Ihrem Erfolg beitragen soll.

1.2 An wen wir uns wenden und wie wir vorgehen

Als Benützer dieser Anleitung stellen wir uns Schüler der gymnasialen Oberstufe herkömmlicher Art sowie Kollegiaten vor, die ihre Lateinkenntnisse aufpolieren möchten und damit möglichst früh, z. B. gegen Ende der 12. Klasse, beginnen. Wer schon so ziemlich alles weiß, wird von uns naturgemäß kaum Neues erfahren: was wir bringen, haben Sie wahrscheinlich im Unterricht größtenteils gehört – und vielleicht auch wieder vergessen.

Hier stehen all die gut gemeinten Empfehlungen schwarz auf weiß, bieten sich vielfältige Trainingsmöglichkeiten an, erlauben beigegebene Lösungen zuverlässige Selbstüberprüfung.

Eingangs befassen wir uns mit Methoden der Festigung des Grundwortschatzes, dann zeigen wir, welche Schwerpunkte man zweckmäßigerweise bei der Wiederholung der Grammatik setzt, und kommen schließlich zur Hauptsache, der Entschlüsselung lateinischer Texte.

Da Übersetzen eine recht komplexe (um nicht zu sagen komplizierte!) Angelegenheit ist, versuchen wir mehrere gangbare Wege zu weisen, wobei wir von Originaltexten ausgehen, deren Schwierigkeitsgrad sich allmählich steigert bis hin zu Aufgaben, die bereits vor längerer Zeit im Rahmen der Reifeprüfung an Gymnasien mit Latein als erster Fremdsprache vorgelegt wurden. Wer mit Englisch als Anfangssprache Bekanntschaft gemacht hat, sollte vor diesen ,,Meisterprüfungen" nicht kapitulieren – es schadet nämlich nichts, wenn man sich bei der Vorbereitungsarbeit an schwereren Aufgaben mißt, als man tatsächlich zu bewältigen hat.

Damit Sie lernen, verbreitete Übersetzungsfehler zu vermeiden, schieben wir an passenden Stellen Korrekturübungen ein: die Beurteilung von Fehlleistungen, die man nicht selbst produziert hat, schützt vor eigenen!

Schließlich stellen wir mit Blick auf das Kollegstufenabitur „zusätzliche Fragen", die freilich auch für denjenigen nützlich sein dürften, der noch einem Abitur alter Art entgegensieht, in welchem die schriftliche Prüfung einzig aus einer Version besteht: im Mündlichen ist mit vergleichbaren Aufgaben zu rechnen. Hinsichtlich des Vokabulars, dessen Kenntnis wir für unerläßlich halten, gehen wir von dem sog. „Münchner Wortschatz" aus, der (für Latein als zweite Fremdsprache zusammengestellt) 2450 Wörter umfaßt[1].

Eine Zusammenfassung der für den Leistungskurs der Kollegstufe vorgeschriebenen 2700 Vokabeln befindet sich in Vorbereitung; bis zu deren Erscheinen empfiehlt sich die Benützung des ebensoviele Wörter erfassenden Grund- und Aufbauwortschatzes Latein[2].

1.3 Stichwort Kollegstufe

Kollegiaten sind in der glücklichen Lage, höchst ausführlich nachlesen zu können, was sie in vier Semestern alles hätten lernen sollen: die Lektüre des Curricularen Lehrplans für Latein in der Kollegstufe[3] ist durchaus anregend!

Allein für den Leistungskurs enthalten 30 Druckseiten in übersichtlicher Darstellung sehr detaillierte Aussagen über Lernziele, Lerninhalte, Unterrichtsverfahren und Lernzielkontrollen, an denen selbstverständlich auch wir uns gern und dankbar orientierten und von denen zu erwarten ist, daß sie auch an Gymnasien mit herkömmlicher Oberstufe als wesentliche methodisch-didaktische Anregung wirken.

Hauptsächliches Merkmal der lateinischen Abiturprüfung in der Kollegstufe ist es, daß zu einer schriftlichen Übersetzung aus dem Lateinischen zusätzliche Aufgaben treten, für deren Erledigung ca. 60 Minuten vorgesehen sind, so daß sie nach Arbeitsaufwand und Gewichtung ein Drittel der schriftlichen Prüfung umfassen.

Zwar setzen diese Aufgaben das völlige Verständnis des Übersetzungstexts nicht voraus, doch beziehen sie sich vielfach auf einzelne Wörter und Begriffe, grammatische und stilistische Erscheinungen sowie auf Personen, Fakten und literarische Werke, die im Text begegnen.

Es ist ferner möglich, daß nur ein allgemeiner, thematischer Zusammenhang zwischen den zusätzlichen Aufgaben und der Übersetzung besteht, der z.B. durch die Überschrift

---

[1] Der „Münchner Wortschatz" bildet die Grundlage der von K. Bayer und E. Happ herausgegebenen, von K. Raab und M. Keßler bearbeiteten Lateinischen Wortkunde (Buchner/Lindauer/Oldenbourg)
[2] Grund- und Aufbauwortschatz Latein, bearbeitet von E. Habenstein, E. Hermes, H. Zimmermann (Klett-Verlag, Stuttgart)
[3] erschienen im Amtsblatt des Bayerischen Staatsministeriums für Unterricht und Kultus, Jg. 1974, Nr. 26, S. 1793 ff.

oder eine kurze Einführung gegeben ist. Schließlich müssen Sie sich auch auf Fragen einstellen, die ohne Zusammenhang mit dem jeweils vorgelegten Text überprüfen, inwieweit Sie die oben erwähnten Lernziele des Curricularen Lehrplans erreicht haben. Kollegiaten dürfen somit von der Annahme ausgehen, daß so ziemlich alles, was sie im Verlauf der Kollegstufe an Stoff vermittelt bekamen, prüfungsrelevant ist. Damit Sie diese Vorstellung nicht zu sehr schockt, sei verraten, daß aus den zentral gestellten zusätzlichen Aufgaben der Kursleiter eine – freilich durch detaillierte Bestimmungen eingeengte – Auswahl treffen wird.

Dabei ist vorgesorgt, daß alle Lernzielstufen abgedeckt werden:

1. Wissen
2. Reorganisation des Gewußten
3. Transfer
4. Problemlösendes Denken

Sie können sich somit auf ziemlich leichte Fragen, z.B. nach Synonymen (bedeutungsgleichen Wörtern), Stilfiguren, Wörtern eines bestimmten Wortfelds, Werken eines genannten Autors usw. ebenso einstellen wie auf mittelschwere und anspruchsvolle. Vielleicht verlangt man von Ihnen, eine Textstelle, die Sie laut Lehrplan gelesen haben müssen, syntaktisch oder metrisch zu analysieren, ihren Autor zu benennen, stilistische Eigenheiten zu charakterisieren, politische Leitbegriffe herauszulösen, deren Fortwirkung zu beschreiben, die Stelle in ein philosophisches System einzuordnen, zu ihrer Argumentation Stellung zu nehmen oder einen in ihr begegnenden Begriff zu definieren. Vorausgesetzt, Sie haben am vorausgegangenen Unterricht nicht nur körperlich teilgenommen, sondern gut zugehört und Wichtiges mitgeschrieben, dann wird Ihnen dergleichen nicht allzu schwer fallen. Weiterhin kann von Ihnen der Vergleich verschiedener Übersetzungen einer früher gelesenen Stelle verlangt werden, die Paraphrasierung (Inhaltsangabe) oder Interpretation einer wesentlichen Aussage, z.B. von Ciceros Staatsdefinition, die Würdigung des Urteils eines modernen Autors über ein Problem der Antike oder der Nachweis antiker Motive in einem modernen Text – kurz, es bietet sich eine Fülle von Möglichkeiten an, die wir in dem vorliegenden Bändchen – das ja nicht Lexikonformat annehmen soll – gar nicht alle ausschöpfen können. Wir wollen Sie auch nicht durch weiteres Aufzählen denkbarer Aufgabenformen ängstigen, sondern verweisen darauf, daß der elementare Bereich (Wortkunde, Grammatik, Stilistik) bereits in den vorbereitenden Aufgaben zur Übersetzung jedes der folgenden Texte reichlich abgedeckt ist und daß die höheren Lernziele in gesonderten Fragenkreisen angegangen werden. Erschrecken Sie bitte auch nicht, wenn mancher Text, der inhaltlich ergiebig war, besonders reichlich mit zusätzlichen Aufgaben bedacht ist: Wir haben uns nicht an die Kette eines 2:1-Verhältnisses gelegt, da wir ja keine Einförmigkeit, sondern möglichst große Abwechslung bei Ihrer Vorbereitung anstreben.

1.4 Wie wir uns die Arbeit mit diesem Buch vorstellen

Die Hinweise zur Wortschatz- und Grammatikwiederholung empfehlen wir während des gesamten Durchgangs Ihrer Aufmerksamkeit; es wäre sogar falsch, zuerst die „elementa" erledigen und dann zu den Gipfeln der Übersetzungskunst aufsteigen zu wollen, die doch ständige Anwendung und Einübung des Elementaren in sich schließt. Dementsprechend finden Sie im Anschluß an die Texte auch regelmäßig Aufgaben aus diesem Bereich.

Diese Aufgaben lösen und kontrollieren Sie bitte gruppenweise; Sie stellen also, bevor Sie sich dem Bereich **G** (Grammatik) zuwenden, fest, ob Sie das Aufgabenfeld **V** (Vokabular) erfolgreich bewältigt haben. So vermeiden Sie es, unter Umständen auf unsicheren Fundamenten weiterzubauen.

Ebenso überprüfen Sie Ihre im **G**-Teil gewonnenen Ergebnisse, bevor Sie an **Ü** (Übersetzung) herangehen.

Die Bereiche **S** (Stil), **I** (Interpretation) und **Z** (Zusätzliches) sind vor allem für Kollegiaten von Wichtigkeit.

Damit Sie nicht mehr lange gespannt zu sein brauchen, was Sie erwartet, führen wir nun die von uns intendierte Arbeitsweise an einem relativ einfachen Textabschnitt aus VALERIUS MAXIMUS, Facta et dicta memorabilia[1] vor.

Arbeitsbeispiel   (Valerius Maximus II 7, 8)

Papirius dictator, cum adversus imperium eius
Q. Fabius Rullianus magister equitum exercitum
3 in aciem eduxisset, quamquam fusis Samnitibus
in castra redierat, tamen neque virtute eius
neque successu neque nobilitate motus virgas
6 expediri eumque nudari iussit.

1) **Papirius, -i:** Name
3) **Samnites, -ium:** ital. Volksstamm
5) **successus, -ūs:** vgl. engl. success!
6) **nudare:** zu nudus, -a, -um

V: *1)* Wortart von *adversus?*

    3) Bedeutung von *acies* an dieser Stelle?

    fusis: unter welcher Grundform schlagen Sie nach?

    5) nobilitas: wie lautet das Adjektiv dazu?

           Von welchem Verbstamm leiten sich beide Nomina her?

    virga: müßte eigentlich von uns angegeben werden; wissen Sie, was damit gemeint ist?

    6) expedire: Sie kennen wohl das Antonym (den Gegenbegriff) dazu; bitte benennen
           Sie ihn und suchen Sie, ggf. mit dem Wörterbuch, nach einer an unserer
           Stelle passenden Bedeutung für *expedire!*

Vergleichen Sie nun Ihre Ergebnisse mit den Lösungen auf S. 10

---

[1] eine kommentierte Schulauswahl aus diesem Autor, die zur Auffrischung von Kenntnissen durchaus zu empfehlen ist, besorgte Hans Siegfried in der Reihe Lindauers Lateinische Lektüren (J. Lindauer Verlag München, 1975)

G: *3)* quamquam: fallen Ihnen einige gleichbedeutende Konjunktionen ein?
Wenn Sie nicht mehr wissen, was *tamquam, tamen, tandem, antequam* und *priusquam* heißen, schlagen Sie nach!
Welches der eben genannten Wörter steht in einer gewissen logischen Verbindung mit *quamquam*?

4/5) wovon sind die drei Ablative abhängig?

6) was fällt bei den Infinitiven auf?

L *(mit diesem knappen Hinweis erinnern wir in Zukunft daran, daß es einen Lösungsteil gibt)*

Ü: Sicher haben Sie schon sehr viel oder alles verstanden und brennen darauf, es zu Papier zu bringen, doch sollten Sie sich vorher über den Aufbau der Periode Rechenschaft ablegen.

In Zukunft nennen wir das knapp „Satzanalyse" und trainieren mit Ihnen verschiedene Verfahren.

Wir beginnen mit dem „Wegklammern", weil es am wenigsten Aufwand verlangt: Sie setzen alle im Text begegnenden Gliedsätze (Nebensätze) in runde Klammern.

Denken Sie dabei daran, daß zur Einleitung von Gliedsätzen dienen:

1. Relativpronomina und -adverbien
2. Fragepronomina und -adverbien
3. unterordnende (subordinierende) Konjunktionen

(Wir wissen natürlich, daß diese Termini allein noch nicht viel helfen; nehmen Sie sich daher jetzt die Zeit, für jede der drei Gruppen möglichst viele Beispiele zusammenzuschreiben. Wenn Sie damit fertig sind: ↗ L!)

Stellen Sie fest, daß ein Gliedsatz in einen übergeordneten eingebettet ist, dann können Sie den Grad der Abhängigkeit durch eine Ziffer über den runden Klammern, die ihn umgeben, zum Ausdruck bringen. Gliedsätze zweiten, dritten oder gar vierten und fünften Grades kommen in lateinischen Perioden nicht selten vor.

Den Bereich eines AcI umgeben Sie mit eckigen Klammern: [ ]

Unter „Bereich" verstehen wir sämtliche Satzglieder, die zum AcI gehören, also auch Adverbien, Objekte usw.

Für Ablative mit Partizip (abl. abs.) und ihren Bereich verwenden Sie spitze Klammern – ⟨ ⟩ –, während Sie mit einem Satzglied verbundene Partizipien (participia coniuncta) samt ihrem Bereich durch senkrechte Striche – | | – leicht markieren und zusätzlich durch eine *Wellenlinie* Beziehungswort und Partizip hervorheben. Da wir uns auf keine Gerundium- oder Gerundiv-Konstruktion gefaßt machen müssen, brauchen wir für unseren Text keine weiteren Kürzel zu entwickeln und können ans Werk gehen:

Was am Ende unverklammert stehen bleibt, ist der Hauptsatz, den Sie, wenn Sie es für nötig halten, unterstreichen können.

Auch die sparsame Verwendung verschiedener Farben für die Klammern kann die Übersichtlichkeit erhöhen.

Werfen Sie nun wieder einen Blick in den Lösungsteil!

Dann ist es Zeit für die Formulierung einer zunächst wörtlichen Übersetzung, an der wir abschließend noch etwas feilen werden.

Lösungen zum Arbeitsbeispiel

V: *1)* adversus: in unserem Text Präposition mit dem Akkusativ (*adversus imperium*); an anderer Stelle kann es Ihnen als Adjektiv, Adverb oder PPP (zu *ad-verto*) begegnen, bei spätlateinischen Autoren sogar als Synonym (bedeutungsgleiches Wort) zu *adversarius, -i.* Lesen Sie also, wenn Sie es nicht schon getan haben, die entsprechenden Abschnitte in Ihrem Wörterbuch durch und achten Sie dabei vor allem auf stehende Wendungen wie *ventus adversus, vulnus adversum, res adversae, senatu adverso* (= *invito*)!

3) in aciem entspricht hier *ad pugnam* (zum Kampf, ins Feld); bitte meiden Sie die Bedeutung „Schlachtreihe"!

fusus: ist PPP zu *fundere* (*fudi*), ausgießen, zerstreuen, zersprengen, in die Flucht schlagen; besonders erfolgreiche Operationen beschreibt das Hendiadyoin *fundere ac fugare.*

5) das Adjektiv zu *nobilitas* (Adel, edle Abkunft) ist *nobilis*; den Verbstamm finden wir in *noscere, novisse, notus*: wer prominent ist, den kennt man!

virga: hoffentlich haben Sie keine jungen Mädchen losgelassen (*virgo, -inis*)!

virga = Rute (gebündelt in den *fasces* der Liktoren, daher *ex-pedire*)

6) Gegenbegriff zu *ex-pedire* ist *im-pedire*; beide Wörter gehen auf *pes, pedis* zurück: wenn man jemandem einen Stock zwischen die Beine hält, ist das ohne Zweifel eine Behinderung.

Zu *expedire* an unserer Stelle: oben *5)*!

G: *3)* weitgehend bedeutungsgleich mit *quamquam* sind *quamvis, cum* (concessivum) und *licet*; zum gleichen Bereich gehören *etsi, etiamsi, tametsi* (wenn auch, auch wenn)

tamen: korrespondiert mit *quamquam* wie im Deutschen dennoch (trotzdem) mit obwohl.

4/5) die Ablative hängen von dem PPP *motus* ab (nicht verwechseln mit *motus,
-ūs*: die Bewegung!), das in unserem Falle übersetzt werden muß. Vielfach darf
allerdings auf Partizipien, die in Verbindung mit einem Ablativ Beweggründe bezeichnen, verzichtet werden: *ira adductus/motus/commotus*: aus Zorn, in seiner
Wut – *amore impulsus*: aus Liebe (in besonders schweren Fällen ersetze man *motus,
adductus* usw. durch *incensus!*)

6) daß die Infinitive passivisch sind, ist ein Beispiel für die strenge Logik des Lateinischen; vergleichen wir:

Dictator lictorem (Subj. des AcI)   Dictator virgas (Subj. des AcI)
virgas (Obj. im AcI) expedire iussit   expediri iussit.

also:

Der Diktator verlangte,
daß der Liktor seine Ruten   ... daß die Ruten hervorge-
hervorholte.   holt wurden.

Eine infinitivische Wiedergabe im Deutschen (die Ruten hervorzuholen) vernach-
lässigt den passiven Aspekt des Vorgangs, den das Lateinische nie mit *virgas
expedire* darstellen könnte – das hieße: ... daß die Ruten (irgendetwas) hervorholen!

Ü: Satzanalyse nach dem Wegklammer-Verfahren:

Papirius dictator, (cum adversus imperium eius Q. Fabius Rullianus magister equitum
exercitium in aciem eduxisset,) (quamquam ⟨fusis Samnitibus⟩ in castra redierat,)
tamen | neque virtute eius neque successu neque nobilitate *motus* | [virgas expediri
eumque nudari] iussit.

Wörtliche Übersetzung:

Der Diktator Papirius (befahl) ①	**Hauptsatz**
(trotzdem nicht bewegt durch dessen Tüchtig-	Part. coniunctum zum Subj. des HS,
keit, Erfolg und hohe Abstammung) ②	durch Ablative erweitert
als gegen seinen Befehl der Reiteroberst Q. F.	(temporaler) Gliedsatz 1. Grades
R. das Heer in die Schlacht geführt hatte,	
obwohl er ins Lager zurückgekehrt war	(konzessiver) Gliedsatz 1. Grades
nach Zersprengung der Samniten	Abl. m. Part.
② >	
die Ruten hervorzuholen und ihn (den Fabius)	doppelter AcI
zu entkleiden. ①	

Wo Teile der Periode an andere Stelle gesetzt wurden, zeigen das (ebenso wie den
ursprünglichen Standort) die Ziffern ①, ② an.

Nun geht es an die sprachliche Ausformung des „Rohprodukts".

Verbessern wir zuerst schwache und unbeholfene Ausdrücke:

„Nach **Zersprengung** der Samniten"   „nicht . . . **bewegt**"

Dann fragen wir uns, wo im Interesse eines guten deutschen Stils Wortergänzungen
(phraseologische Wendungen) angebracht sein könnten:

„gegen seinen (?) Befehl"   „ihn (?) zu entkleiden"

Schließlich führen wir uns den Ablauf der geschilderten Ereignisse vor Augen und
überlegen, wie wir ihn mit eigenen Worten darstellen würden. Dabei lösen wir uns
von der lateinischen Periodik, ohne deren innere Logik zu zerbrechen.

Mögliche Lösungen

(Eine vom Wörtlichen gelöste Übersetzung kann nicht mehr als verbindlich und vorbild-
haft gelten, weil in die Beurteilung dessen, was gegenüber dem Original verändert wird, zu
viele subjektive Kriterien mit einfließen)

A (Ausdruck): nach einem glanzvollen Sieg über die Samniten – unbeeindruckt

P (Phraseologisches): gegen seinen **ausdrücklichen** Befehl

ihn **zur Auspeitschung zu** entkleiden

F (freiere Fassung):

Der Reiteroberst Rullianus hatte gegen einen ausdrücklichen Befehl des Diktators
Papirius das Heer zum Kampf ausmarschieren lassen, hatte den Samniten eine schwere
Niederlage zugefügt und war als strahlender Sieger ins Lager zurückgekehrt.

Dessenungeachtet ließ der Diktator, auf den weder die Tüchtigkeit noch der Erfolg
oder die hohe Abkunft des Fabius Eindruck machten, seine Liktoren ihre Rutenbündel
öffnen und den Reiteroberst zur Auspeitschung entkleiden.

In dieser Fassung wurden die gleichgeordneten lat. Gliedsätze aus der Periode heraus-
gelöst, wobei der Abl. m. Part. ihnen gleichgestellt wurde. Notwendigerweise mußten die
handelnden Personen in dieser „Vorgeschichte" mit Namen genannt werden.

Um einem nicht gerade philologisch vorgebildeten Leser das Verständnis zu erleichtern,
erweiterten wir den Text an einigen Stellen. In der Reifeprüfung ist freilich solche Mühe
bedenklich: man weiß nicht, wie sich die Korrektoren dazu äußern.

Man sollte daher zwischen wörtlicher Wiedergabe und akzeptabler deutscher Formulierung einen Mittelweg suchen, der folgendermaßen aussehen kann:

Als der Reiteroberst Rullianus gegen seinen ausdrücklichen Befehl das Heer in die
Schlacht geführt hatte, ließ der Diktator Papirius, obgleich jener nach Vertreibung der
Samniten ins Lager zurückgekehrt war, unbeeindruckt von dessen Tüchtigkeit, Erfolg
und adliger Abstammung, die Ruten hervorholen und ihn entkleiden.

Das ist nun zwar weniger schön als F, aber dafür „korrektorensicher".

Wir sind nun mit unserem Arbeitsbeispiel beinahe fertig und vermuten, daß Sie auch „fertig" sind – so viel Aufwand wegen ein paar Zeilen Text!

Bedenken Sie aber bitte, bevor Sie dieses Büchlein an die Wand schmettern, daß der eben durchgestandene Arbeitsgang als Modell für spätere dienen sollte und entsprechend ausführlich gehalten war, und daß Sie in seinem Verlauf neben einigen Erscheinungen der Grammatik 60 Vokabeln wiederholt haben, 2,5% Ihres Gesamtpensums – ohne die nun noch vorzustellenden gliedsatzeinleitenden „kleinen Wörter":

Lösung zur Zusatzaufgabe in Ü

Zur Einleitung von Gliedsätzen dienen:

1. Relativpronomina und -adverbia
   qui/quae/quod; qualis, -e; quantus, -a, -um; quot; quicumque, quaecumque, quodcumque – quisquis, quidquid
   qua (wo, wie); quemadmodum (wie); quo (wohin); ubi, ubicumque; unde, quare (weshalb); quamobrem; quam; quanto, quantum

2. Interrogativpronomina, -adverbia und -partikeln
   quis, quid; uter, utra, utrum; qualis, -e; quantus, -a, -um; quot, qui (wie); quo, quanto; qua; quemadmodum; quo (wohin); ubi; unde; quare; quamobrem; quam; quantum an; -ne, nonne, num; quin; utrum . . . an
   (Eine Zwischenbemerkung: Relativsätze sind die häufigsten Gliedsätze im Lateinischen; die sie einleitenden Pronomina und Adverbien gleichen vielfach denen, die wir in indirekten Fragen vorfinden – diese stehen allerdings regelmäßig im Konjunktiv)

3. Unterordnende Konjunktionen
   antequam, cum, donec, dum, etsi, etiamsi, ne nisi, postquam, priusquam, quamdiu, quamquam, quasi, quia, quin, quoad, quod, quominus, quoniam, si, sin, simul(ac/atque), ubi (primum), ut, ut non, ut (primum)

Für unsere augenblicklichen Zwecke genügt diese Übersicht; späterhin müssen wir besonders den mehrdeutigen Konjunktionen viel Aufmerksamkeit schenken. Überprüfen Sie einstweilen ruhig, was Ihnen noch alles geläufig ist! Wir befassen uns nun sowieso mit der Wortschatzsicherung.

2. Vokabellernen – Vokabelwiederholen

Den größten Teil der lateinischen Wörter, die man Ihnen im Abitur abverlangt, haben Sie irgendwann ,,gelernt", es fragt sich nur, wie gründlich das geschah. Mit dieser Frage unterstellen wir Ihnen keineswegs gelegentliche Arbeitspausen während des Grundkurses, sondern erinnern daran, daß in dessen Verlauf manche Wörter sehr häufig begegneten, die dadurch folglich eingeschliffen wurden, während andere sehr selten, vielleicht überhaupt nur einmal erschienen und entsprechend rasch vergessen wurden.

Sofern Sie seinerzeit beim Wortschatzerwerb sinnvoll vorgegangen sind (Sie haben es wohl getan, denn sonst stünden Sie nun nicht vor dem Abitur!), haben Sie das jeweilige Tagespensum in Gruppen zu etwa fünf lateinisch-deutschen Wortverbindungen eingeteilt, diese Gruppen möglichst laut gelesen, auch wohl geschrieben, durch Abdecken einer (meist der deutschen) Bedeutungsspalte kontrolliert, Vokabeln, die Sie nicht behalten konnten, herausgegriffen und sich in einem zusätzlichen Arbeitsgang besonders nachdrücklich eingeprägt.

Dieses Verfahren ist für den Anfänger nützlich und empfehlenswert, für Sie dagegen ist es – vorausgesetzt, daß Sie nicht bloß in Vergessenheit Geratenes aufzufrischen, sondern wirklich nachzulernen haben – aus verschiedenen Gründen nur bedingt geeignet:

Erstens sind Sie nun in einem Alter, in dem das mechanische Gedächtnis nicht mehr so dienstbar ist wie vor einigen Jahren – Sie lernen jetzt mehr verstehend, an bereits Vertrautes angliedernd.

Zweitens engt das Lernen von Wortgleichungen notwendigerweise ein: wer sich eingehämmert hat: *ratio* = Vernunft, Rechnung, der plagt sich, wenn er übersetzen soll ,,*Caesar hac ratione Rhenum transiit*". Ganz falsch wäre es daher, wenn Sie in einem Anfall von Arbeitswut Ihre alten Übungsbücher hervorkramten und anfingen, deren Wortschätze (welch schönes Wort!) heroisch von ganz vorne an zu repetieren: Sie würden zwar eine ganze Menge lieber alter Bekannter zwischen *avia, avunculus, simia* und *rana* treffen, aber irgendwo in dieser Gesellschaft versanden und von vielen ihrer Mitglieder keinerlei Nutzen haben, weil Unterrichtswerke älteren Typs es liebten, Vokabular aus der ,,kindlichen Erlebenswelt" lernen zu lassen, auch wenn es später bei den Autoren (und entsprechend im Abitur) nicht mehr benötigt wird[1].

Wenn Sie also gern Wortgleichungen büffeln, dann tun Sie es lieber mit den oben[2] genannten Hilfsmitteln.

---

[1] modernere Übungsbücher vermeiden auf der Grundlage eines statistisch ermittelten Vokabulars dieses Verfahren; in Bayern sind es z.Zt. der CURSUS LATINUS und die ROMA (beide Reihen bei Buchner/Lindauer/Oldenbourg)
[2] Seite 6, Anm. 1 und 2

Im übrigen sind wir der Meinung (*ceterum censemus* . . .) daß man seine Vokabelkenntnisse am wirkungsvollsten aufpoliert, wenn man viel übersetzt und dabei viel nachschlägt, wobei man nach einer alten Übersetzerregel immer mit dem beginnen sollte, was man zu wissen glaubt.

Oft führt eine unpassende Wortgleichung (*ratio* = Vernunft) oder eine Verwechslung mit einer Vokabel ähnlichen Klangs oder Schriftbilds (*virga* – *virgo*) zu falschen Prämissen, denen zuliebe dann ein ganzer Satz herrlich verbogen wird – trotz Wörterbuch!

Wenn Sie beim Nachschlagen sich nicht mit der erstbesten Bedeutung begnügen, sondern alle Angaben aufmerksam studieren, überdenken und sich erst nach Vergleich mit den Bedeutungsbereichen der weiteren im Wörterbuch überprüften Vokabeln auf eine bestimmte festlegen, dann erwerben Sie sich mit der Zeit statt fragwürdigen Wortgleichungswissens ein Gefühl für das Bedeutungsspektrum lateinischer Wörter, das wegen der relativen Wortarmut dieser Sprache oftmals auffällig weit ist.

Spezifische Übungen in diesem Buch helfen Ihnen dabei:

I. Caesar trans Alpes ire

 Dis nihil negotii esse Epicurus   contendit

 Numquam Iugurtha cum Metello

 (Die Lösungen finden Sie auf S. 18)

Achten Sie auch darauf, sich an Stelle von Einzelwörtern, wo immer das möglich ist, Wortverbindungen einzuprägen:

motus ist als Form natürlich mehrdeutig, aber in Verbindungen meist klar zu bestimmen:

II. Terrae motus paulatim in-crescebat.

 Misericordia motus Caesar subiectis pepercit.

 Magni in Gallia motus nuntiabantur.

Sammeln Sie also „idiomatische Wendungen", die es keineswegs nur in den modernen Sprachen gibt!

Beim Blättern im Wörterbuch erleben Sie den „Lexikoneffekt", den Eugen Roth in einem reizenden Gedicht beschrieben hat:

 Ein Mensch, nichts wissend von Mormone

 schlug deshalb nach im Lexikone . . .

(Das Gedicht geht natürlich noch weiter, doch wir wollen nicht abschweifen)

Besagter Mensch erfährt alles Wissenswerte über Mond und Maus, bevor er, erschöpft, zum Ziel gelangt.

Nützen Sie diese Begleitinformation, dieses beiläufige Aufnehmen von Signalen; oft stoßen Sie beim Nachschlagen auf mehrere Wörter gleichen Stamms – warum sollte man die nicht auch zusammen merken? Man wendet so dasselbe (etymologische) Prinzip an wie die Wortkunde.

III. Stamm **dec**et – was fällt Ihnen dazu an Ableitungen ein?

Wir sagten vorhin, daß Ihr Gedächtnis eine Tendenz zum Angliedern, zum Ordnen zeigt. Unterstützen Sie es dabei, indem Sie zusätzlich zu Wortverbindungen, etymologischen Zusammenstellungen und Ableitungsprinzipien Wortfelder übungshalber zusammenstellen und sich zu merken suchen.

IV. Überlegen Sie beispielsweise, was das Suffix -(b)ilis bei Adjektiven in der Regel ausdrückt!

V. Dann legen wir ein Wortfeld **Angst/Furcht** an!

Ein reizvolles Training (wenn auch nicht ganz ohne die Gefahr der Verwirrung) stellt es auch dar, wenn man sich Rechenschaft darüber ablegt, welche lateinischen Wörter man mit bestimmten „Auslösern" assoziiert. Man kommt dabei unter Umständen hartnäckigen Verwechslungen auf die Spur und kann sich, da man nun gewarnt ist, besser vor ihnen hüten.

Assoziationen können in ganz verschiedene Richtung gehen, sie können sich auf stammgleiche, bedeutungsgleiche oder -ähnliche, ähnlich klingende oder nach ihrem Bildungsprinzip vergleichbare Wörter beziehen – wir verdeutlichen das am besten an einem deutschen Beispiel:

```
                                    . . .
        . . .                    Mitteilung
   Berichterstatter            Information
      berichten                  Meldung

                   Bericht

      Berichtigung          Bedarf
      Berechtigung           Beleg
       Gericht               Beruf
      berechtigt             Beweis
    gerecht                   . . .
  bricht
. . .
```

Wenn Sie darüber genug nachgedacht haben, versuchen Sie es einmal mit einem lateinischen Wort:

VI. Assoziationsfeld **consulere**

Aber wir wollen uns nicht zu weit auf linguistisches Neuland vorwagen und geben zum Abschluß einen uralten und wirkungsvollen Tip, dem nur deswegen so wenige folgen, weil er Strapaziöses zu verlangen scheint:

Man wird desto sicherer mit Wörtern, Wendungen und Grammatikreglement einer

Sprache zurechtkommen, über je mehr sprachlich richtig geformte Aussagen, also Sätze, Texte, Verse dieser Sprache man verfügt.

Die Folgerung aus dieser Behauptung lautet, daß es sehr nützlich ist, lateinische Prosa – und Dichtung – auswendig zu lernen.

Wir ahnen Ihren Schrecken, doch wir raten, von der Wirksamkeit überzeugt, zu einem Versuch und machen darauf aufmerksam, daß, wie überall, auch hier der Anfang besonders schwer ist.

Wenn Sie erst ein paar Prosatexte auswendig können, lernen Sie weitere wesentlich leichter dazu – und besitzen schließlich ein ganzes Reservoir von Wortbedeutungen, grammatischen Verbindungen und Stilfiguren in ökonomischster Form, weil das einzelne Element ja mehrere Funktionen erfüllen kann.

Zu Prosa raten wir, weil Sie im Abitur auch Prosaisches – pardon, natürlich meinen wir Prosatexte – erwartet; in der Dichtung gelten andere Gesetze der Wortstellung und Konstruktion. Trotzdem sind ein paar Verse und Sentenzen, z. B. des Publilius Syrus, nicht von Übel.

Damit es nicht nur beim guten Vorsatz bleibt, sollten Sie nun versuchen, einen mäßig langen, Ihnen wahrscheinlich aus dem Unterricht bekannten Text zu memorieren. Es handelt sich um den Schluß von Ciceros 1. Rede gegen Catilina, die bekanntlich nach einer Aufforderung an Ciceros Intimfeind, endlich abzuziehen, mit einer Verwünschung in Form eines Gebets an Jupiter Stator („den Befestiger") endet.

Die unterschiedlichen Adressaten der beiden Sätze erlauben sprachliche Abwechslung; scheuen Sie sich daher nicht, den Text laut und ausdrucksvoll zu sprechen, wenn Sie ihn sich abschnittsweise einprägen:

VII. Ediscendum est:

Hisce ominibus, Catilina, cum summa rei publicae salute, cum tua peste ac pernicie cumque eorum
3 exitio, qui se tecum omni scelere parricidioque iunxerunt, proficiscere ad impium bellum ac nefarium. Tum tu, Iuppiter, qui iisdem quibus haec
6 urbs auspiciis a Romulo es constitutus, quem Statorem huius urbis atque imperii vere nominamus, hunc et huius socios a tuis aris ceterisque
9 templis, a tectis urbis ac moenibus, a vita fortunisque civium arcebis et homines bonorum inimicos, hostes patriae, latrones Italiae, scelerum
12 foedere inter se ac nefaria societate coniunctos aeternis suppliciis vivos mortuosque mactabis.

1) **hisce** = his
3) **parricidium, -i:** zu parricida, -ae
7) **Stator, -oris:** von *sistere* (zum Stehen bringen) abgeleiteter Beiname des Jupiter, der auf ein Gelübde des Romulus hin dessen fliehendes Heer gestoppt haben soll und deshalb einen Tempel erhielt.

Im folgenden Lösungsteil finden Sie eine erläuterte Übersetzung dieses Abschnitts.

Lösungen der (in 2. zum Vokabellernen) gestellten Aufgaben:

I. (Weites Bedeutungsspektrum eines Wortes)

contendere bedeutet an-spannen, sich anstrengen; aus dieser Grundbedeutung entwickelten sich: eilen, behaupten, kämpfen (u. a.)

Caesar beeilte sich, die Alpen zu überqueren (überquerte rasch die Alpen)

Epikur behauptete, die Götter hätten nichts zu tun.

(*nihil negotii*: Gen. partitivus; *dis . . . esse*: Dat. possessoris)

Jugurtha ließ sich nie auf eine Schlacht mit Metellus ein.

II. (Mehrdeutigkeit von Formen)

Das Erdbeben nahm allmählich an Stärke zu. (Nom. Sg. zu *motus, -us*)

Aus Mitleid schonte Caesar die Unterworfenen (PPP zu *movere*, mit Abl. des Beweggrunds verbunden, S. 11 **G** *4/5*)

In Gallien, so wurde gemeldet, herrschte beträchtliche Unruhe („Bewegungen", Nom. Pl. zu *motus, -us* im NcI; zu ergänzen ist *esse*)

III. (Ableitungen von dem Stamm dec-)

decus, -oris (Schmuck), *decorus, -a, -um* (schön), *decorare – de-decus, -oris* (Schande), *de-decet* (es gehört sich nicht) – *dignus, -a, -um* (würdig, eigtl. „geschmückt mit", was die Konstruktion mit dem instrumentalen Ablativ erklärt: *laude dignus es* – sinngemäß entspricht: *dignus es, qui lauderis*; der konjunktivische Relativsatz hat konsekutiven Sinn: so daß . . .); *in-dignus – indignari* (unwürdig finden, sich empören über); *dignitas, -atis*

IV. (Suffix -(b)ilis)

Dieses Suffix drückt eine Möglichkeit aus, entsprechend den dt. Nachsilben -bar und -lich:

mira-bilis: wunder-bar, verwunderlich – *terri-bilis*: schreck-lich – *ut-ilis* (zu *uti, usus sum*): benütz-bar, nütz-lich – *fac-ilis*: mach-bar = leicht zu tun usw.

V. (Wortfeld Angst/Furcht)

Wahrscheinlich sind Sie bei der Zusammenstellung von deutschen Begriffen ausgegangen und haben sie ins Lateinische zu übersetzen versucht; erarbeitete bzw. vorgegebene Wortfelder (z. B. die des „Grundwortschatzes") kann man sich einsprachig merken.

timor, metus, terror, pavor; timere, metuere, terreri (erschrecken, erschreckt werden), *pavere; timidus, pavidus; horror, horrere, horridus; anxius; terribilis. horribilis, formidulosus* (zu *formido, -inis*); *reformidare; vereri*

VI. (Assoziationsfeld consulere)

		animadvertere (vorgehen)
(consiliari)	consilium	decernere (beschließen)
(consulatus, consularis)	consul	providere, prospicere (sorgen für)
(consultor)	consultare	adire (um Rat fragen)

consulere

consolari (trösten)	con-stare
consumere (verbrauchen)	con-currere
conciliare (gewinnen)	con-struere
consuescere (gewöhnen)	. . .

Da *consulere* ein breites Bedeutungsspektrum hat, können entsprechend viele Synonyme gefunden werden.

VII. (Übersetzung des Ediscendum-Texts mit Erläuterungen)

Unter diesen Vorzeichen, Catilina, und zum Nutzen[1] (höchsten Heil) des Staates, aber zu deinem völligen Verderben (*peste ac pernicie*: alliterierendes Hendiadyoin) sowie zur Vernichtung derer, die sich mit dir in jeder Art von Verbrechen und Hochverrat (Verwandtenmord) verbunden haben, zieh hinaus zu einem gottlosen und schurkischen Krieg.

Dann wirst du, Jupiter, der von Romulus unter den gleichen Auspizien wie[2] diese Stadt seinen Tempel erhielt[3] und den wir berechtigt (wahrhaft) den Festiger dieser Stadt und dieses Reiches nennen, diesen Mann und seine Genossen von deinen Altären und den übrigen Tempeln, von den Häusern der Stadt und ihren Mauern und von Leben und Besitz der Bürger fernhalten und diese Feinde der staatserhaltenden Kräfte (Leute, die den Guten feind sind), die sich bewaffnet gegen ihr Vaterland wenden und Italien ausplündern wollen (Feinde der Heimat und Räuber Italiens), die das einigende Band ihrer Untaten und ihre verbrecherische Gemeinschaft zusammenhält (durch das Bündnis der Verbrechen und ruchlose Vereinigung verbunden), mit ewigen Strafen im Leben und im Tod verfolgen (schlachten).

1) *cum . . . salute, cum . . . pernicie, cum . . . exitio: cum* des begleitenden Umstands (vgl. *cum lacrimis*: unter Tränen) mit finalem Nebensinn.

2) *constitutus es*: „du bist eingesetzt worden" – unübersetzbare, von römischem Denken bestimmte Ausdrucksweise; Romulus hat dadurch, daß er einen bestimmten Aspekt des Gottes (Stator) mit einem Namen belegte und ihm einen Tempel weihte, den Gott in bestimmte Rechte und Pflichten eingesetzt.

3) *iisdem . . . quibus = iisdem . . . atque:* unter den gleichen . . . wie. Auf *idem* folgt bei Vergleichen entweder ein Relativum oder *ac/atque*: ego idem sentio ac tu (aus: ego ac tu idem sentimus)

Stilistisch bemerkenswert ist die Dreigliedrigkeit der Kernbegriffe (*cum* . . . *salute*, . . . *peste ac pernicie*, . . . *exitio eorum, qui* . . .) bei gleichzeitiger Steigerung der Wortzahl der einzelnen Glieder (Klimax) und Verwendung der Anapher (Wiederaufnahme eines Worts – in unserem Fall: *cum* – zu Beginn der folgenden Wortgruppe).

Wir haben bereits unter 1.3 darauf hingewiesen, daß stilistische Erscheinungen prüfungsrelevant sind. Damit Sie uns das auch glauben, geben wir zwei Beispiele aus der Abiturprüfung 1976 (Kollegstufe, Teil II: Zusätzliche Aufgabe).

1. Welche zwei rhetorischen Stilmittel (Stellungsfiguren) erkennen Sie in dem Satz des Übersetzungstextes: „*nec ephori Lacedaemone sine causa a Theopompo oppositi regibus, nec apud nos consulibus tribuni*"?

   a) Hyperbaton   d) Parallelismus

   b) Anapher   e) Polysyndeton

   c) Klimax   f) Chiasmus   (Grundkurs)

2. Welche rhetorischen Stilmittel erkennen Sie in den folgenden Satzabschnitten des Übersetzungstextes?

   a) „*animal hoc providum sagax multiplex acutum memor plenum rationis et consilii*"

   b) „*perpetuis cursibus conversionibusque caelestium exstitisse*"

1 Antithese	5 Pleonasmus
2 Chiasmus	6 Hyperbel
3 Ellipse	7 Alliteration
4 Asyndeton	8 Anapher (Leistungskurs)

Die richtige Beantwortung jeder der beiden Aufgaben bringt zwei Bewertungseinheiten („Rohpunkte"). Haben Sie's? Wenn nicht, dann brauchen Sie nicht zu verzagen – wir reiten im Verlauf dieses Trainingsprogramms hingebungsvoll auch auf Stilistik herum! Folgendes hätten Sie erkennen sollen:

1: *ephori* . . . *oppositi* – das ist eine weite Sperrung, ein Auseinanderziehen von Zusammengehörigem, ein Hyperbaton (a).

ephori	*Lacedaemone*	*regibus*
apud nos	*consulibus*	*tribuni* –

   verbinden Sie mit Strichen, was nach Kasus und Funktion jeweils in den beiden Zeilen zusammenpaßt, dann entdecken Sie einen wunderschönen Chiasmus (f), der ähnlich gebaut ist wie einer, den wir auf S. 48 bringen.

2: in a) fällt die verbindungslose Aneinanderreihung der Adjektive auf (Asyndeton, 4), in b) die c-c-c-Alliteration (7).

3. Grundsätzliches zur Grammatik

(Cicero steckt an: wir alliterieren!)

Vieles, was zum Vokabellernen gesagt wurde, kann sinngemäß auf die Wiederholung der Elementargrammatik übertragen werden, so daß es uns möglich ist *rem paucis absolvere*:

1. Betrachten Sie Ihre Grammatik als ein Handbuch, in dem man sich mit Hilfe des Index recht gut orientieren und nachschlagen kann, und versuchen Sie nicht, irgendwelche Paragraphen zu „büffeln".
   Es nützt Ihnen nämlich wenig, wenn Sie wissen, nach welchen Verben der AcI steht, da Sie sich nicht auf eine Hinübersetzung ins Lateinische vorbereiten.
   Vielmehr sollte es Ihnen möglich sein, das für Ihre Bedürfnisse, d.h. für die Übersetzung lateinischer Texte Wesentliche im Verlauf dieses Lehrgangs von weniger Wichtigen zu trennen und verstehend zu behalten.

2. Dementsprechend heben unsere **G**-Übungen Erscheinungen heraus, bei deren Erfassen erfahrungsgemäß Probleme auftauchen.
   Grammatik nur um der Grammatik willen treiben wir hier nicht!

Unerläßlich für erfolgreiche Übersetzungsarbeit sind

- Sicherheit im Erfassen von Deklinations- und Konjugationsformen;
  wenn Sie auf diesem Gebiet Schwierigkeiten haben, kommen Sie um ein Elementartraining (Paradigmen, Tabellen!), das wir hier nicht bieten, kaum herum, es sei denn, Sie legen sich einen Nachhilfeschüler zu und erklären ihm gerade diese *elementa* so lange, bis Sie sich selbst wieder damit auskennen.
  Seneca hat sehr recht, wenn er sagt: Docendo discimus; verlangen Sie nur nicht zu viel Geld für das *docere*!

- Kenntnis der Funktionen der einzelnen Kasus, besonders der für das Lateinische typischen, also z.B. des Dativus finalis *(hoc mihi usui erit)*, des Genitivus partitivus *(nihil novi*: nichts Neues; wenn man *novi* nicht als Genitiv auffaßt, ergibt sich der Stoßseufzer: ich weiß nichts) sowie einiger Spezialitäten des Ablativs.
  Dieser Bereich spielt in unseren **G**-Übungen eine wichtige Rolle.

- Fähigkeit, dem Lateinischen eigentümliche Konstruktionen (AcI, Gerundium/Gerundiv, Part. coniunctum, Abl. m. Part.) zu erfassen und gewandt wiederzugeben.
  Auch darauf reiten wir eifrig herum.

- Geschick in der Analyse von Perioden.
  Wir hoffen, es Ihnen verschaffen zu können.

Das wäre so ziemlich alles; mehr über den Bereich Grammatik theoretisch zu äußern, lohnt nicht, da man sie – in noch höherem Maß als das Vokabular – sich beim Umgang mit Texten aneignet.
Speichern Sie also Wendungen und Sätze in Ihrem Gedächtnis, die modellhaft sind; es wird sich auszahlen.
Was wir oben über das Memorieren sagten, dürfen wir nochmals in Erinnerung rufen.

Ob es sinnvoll ist, sich die Bezeichnungen grammatischer Erscheinungen einzuprägen, darüber kann man sich streiten.
Nützlich ist es für alle die, welche sich Aufgaben folgender Art gegenübersehen:

. . . vis populi multo saevior multoque vehementior, quae, ducem quod habet, interdum lenior est, quam si nullum haberet; dux enim suo se periculo progredi cogitat, populi impetus periculi rationem sui non habet.

In diesem Text begegnen verschiedene Ablative:

a) *multo*   b) *suo periculo*

Um welche Art von Ablativ handelt es sich jeweils?
Wählen Sie aus den nachfolgenden Bezeichnungen die richtigen aus und schreiben Sie auf Ihrem Arbeitsblatt zu den Buchstaben (a und b) die entsprechende Ziffer hinzu (*Beispiel*: c 9)!

1 ablativus causae	2 ablativus modi
3 ablativus pretii	4 ablativus limitationis
5 ablativus mensurae/discriminis	6 ablativus absolutus
7 ablativus separativus	8 ablativus temporis

(Abiturprüfung 1976, Kollegstufe, Grundkurs)

Die Lösungen sind a 5 (Ablativ des Maßes bzw. Unterschieds: um vieles wütender, viel wütender) und b 2 (Ablativ der Art und Weise zur Angabe eines Begleitumstands: unter persönlicher Gefahr).
Wir treiben also nicht ganz brotlose Künste, wenn wir das wieder aktivieren, was Sie einmal in der Kasuslehre gelernt haben.

4. Die Hauptsache: Übersetzen

Daß man beim Übersetzen allerhand lernen kann, wurde bereits mehrfach von uns behauptet; jetzt wäre darzutun, wie man lernt zu übersetzen.

Nun, wir haben die Stirn zu behaupten, daß Übersetzen-Können das Ergebnis vieler teils mißratener, teils geglückter Übersetzungsversuche ist und somit statt abstrakter Anweisungen den Umgang mit Texten zur Voraussetzung hat.

Grundsätzlich ist eine gute Übersetzung das Endprodukt aus einer Reihe von geistigen Prozessen, die sich auf verschiedenen Ebenen teils neben-, teils nacheinander abspielen. Sie reichen vom spontanen Verstehen des Ganzen oder bestimmter Teile über das sinnvolle Aufgliedern eines größeren Komplexes zum allmählichen Erfassen seines konstruktiven Gefüges und seines Inhalts. Es ist dabei ziemlich sicher, daß keiner der genannten Denkwege für sich allein zum Ziel führt, man also z.B. mit Konstruieren allein eine schwierigere Periode nicht auflösen kann.

Daher wird man sich zweckmäßigerweise verschiedener Methoden bedienen, wann immer das langsame, ausdrucksvolle, auf Satzzeichen achtende Lesen zu keinem Verständnis führt.

Man unterschätze dieses anspruchslos wirkende Vorgehen nicht: die alten Römer (die freilich meistens Latein konnten) suchten auch nicht erst nach dem Prädikat, ehe sie an einen Satz herangingen, sondern verstanden ihn so, wie er sich entwickelte. Natürlich machen es uns die erheblichen Unterschiede zwischen lateinischer und deutscher Ausdrucksweise unmöglich, eine lateinische Periode Wort für Wort zu „übersetzen" (sog. Interlinearversion); dabei kommt in der Regel ein schrecklicher Vokabelsalat heraus. Es ist jedoch keineswegs ganz absurd, einen Text, den man langsam liest, Wort für Wort **verstehen** zu wollen, ohne ihn bereits für die Formulierung einer deutschen Übersetzung zu zergliedern.

Bitte versuchen Sie es einmal an einem (freilich leichten) Stück aus GELLIUS, Noctes Atticae III 8:

> Cum Pyrrhus rex in terra Italia esset et unam atque alteram pugnam prospere pugnasset satisque agerent Romani et pleraque Italia ad regem defecisset, tum Ambraciensis quidam Timochares, regis Pyrrhi amicus, ad C. Fabricium consulem furtim venit ac praemium petivit et, si de praemio conveniret, promisit regem venenis necare idque facile esse factu dixit, quoniam sui filii pocula in convivio ministrarent.

Ungeachtet der Länge des Satzgebildes dürften Sie auf Anhieb das meiste verstanden haben und können im zweiten Anlauf Vokabeln nachsehen, bei denen Sie zunächst stutzten, und aus der Kenntnis des „Rahmens" noch unklare Einzelheiten erschließen, z.B. die Bedeutung der Wendung „*si de praemio conveniret*" (wenn man sich über die Belohnung einig werde).

Nun war das Erfassen dieses Texts allerdings kein besonderes Problem, weil hier eine Geschichte in der gleichen logischen Abfolge berichtet wurde, wie wir sie selbst erzählen würden:

> Pyrrhus in Italien – hat militärische Erfolge – den Römern geht es schlecht – da erscheint dieser Timochares bei Fabricius – verlangt Geld – stellt die Ermordung des Pyrrhus in Aussicht – sagt, das sei leicht: seine Söhne trügen die Becher auf.

Verstehen und Überprüfung des Verstandenen fällt deshalb nicht schwer; man ahnt halb und halb, wie es weitergehen wird, und wäre arg ungeschickt, würde man den Sinn der Geschichte entstellen. Wenn Sie englische oder französische Kurzgeschichten oder Romane lesen, verfügen Sie über eine vergleichbare Fähigkeit des Vorausdenken-Könnens. Bei Texten von Cicero und Tacitus, Seneca und Augustinus dagegen scheinen alle Erschließungsstrategien zu versagen: man hat keinen blassen Schimmer, was im nächsten Satz behauptet werden wird, kapituliert schließlich vor dem Unverstandenen und schreibt irgendetwas hin, als sei es die selbstverständlichste Sache von der Welt, antiken Autoren jeden, aber auch jeden Unsinn zuzutrauen.

Dabei besaßen sie alle eine gründliche Schulung in logischer Darstellung und wußten ihre Gedanken klar zu gliedern.

Daß uns vieles verworren vorkommt, liegt daran, daß uns ein gewaltiger zeitlicher Abstand von jenen Autoren trennt, daß ihr Erfahrungshintergrund, ihre Denksysteme, die Bilder, die sie verwenden, nicht die unseren sind.

Natürlich können wir den trennenden Graben nicht einfach überspringen, doch ist es möglich, den Abstand zu verringern, indem man sich mit antiker Philosophie (um die die meisten Abiturtexte kreisen) vertraut macht.

Hören Sie also nicht weg, wenn Ihr Lateinlehrer sich über Stoiker oder Epikureer verbreitet; denken Sie nicht, er sollte Ihnen besser „das Übersetzen" beibringen:

Je mehr Einzelinformationen aus der antiken Geisteswelt Sie erhalten, desto leichter kommen Sie mit deren literarischen Produktionen zurecht.

Aus diesem Grunde lohnt es sich auch, antike Autoren in gut kommentierten Übersetzungen oder zweisprachigen Ausgaben zu lesen[1]. Sie erfahren eine Menge und haben – bei der beschränkten Zahl antiker Texte – sogar eine reelle Chance, mehr als üblich bei der nächsten Klausur oder sogar in der Reifeprüfung zu wissen. Unsere für Kollegiaten bestimmten Zusatzfragen sind somit auch für diejenigen Benützer dieses Buches wichtig, die „nur" einer Übersetzung entgegensehen.

Im übrigen suchen wir bei jedem der nun folgenden Stücke Sie unterschiedliche Erschließungswege zu führen, so daß Sie mit der Zeit die verschiedenen Verfahren fast unbewußt kombinieren, und mittels gezielter Übungen die für die Überprüfung unerläßliche kritische Aufmerksamkeit zu schärfen.

---

[1] vorbildlich sind die Tusculum-Ausgaben des Heimeran-Verlags, München.

5. Medias in res – Texte und Übungen

5.1 Hochverrat bleibt Hochverrat

Publius Autronius gehörte mit höchster Wahrscheinlichkeit zum Kreis um Catilina, dessen Verschwörung Cicero im Jahre 63 v. Chr. vereitelte; er soll sogar hinter einem Mordanschlag auf den Konsul gestanden haben, den ein gewisser C. Cornelius mit anderen versuchte. Als er später Ciceros Dienste als Anwalt in Anspruch nehmen wollte, lehnte dieser verständlicherweise ab. In seiner Rede für Publius Sulla begründet er diese Entscheidung folgendermaßen:

Veniebat ad me – et saepe veniebat – Autronius,
multis cum lacrimis, supplex, ut se defenderem, et
3 se meum condiscipulum in pueritia, familiarem in
adulescentia, collegam in quaestura commemora-
bat fuisse.
6 Multa mea in se, nonnulla etiam sua in me pro-
ferebat officia. Quibus ego rebus, iudices, ita
flectebar animo atque frangebar, ut iam ex me-
9 moria, quas mihi ipsi fecerat, insidias deponerem,
ut iam missum esse ab eo C. Cornelium, qui me in
sedibus meis, in conspectu uxoris ac liberorum
12 meorum necaret, obliviscerer.
Quae si de me uno cogitasset, numquam illius
lacrimis ac precibus restitissem.
15 Sed cum patriae, cum verstrorum periculorum,
cum huius urbis, cum illorum templorum, cum
puerorum infantium, cum matronarum et virgi-
18 num memineram et cum universum totius urbis
incendium, cum tela, cum caedes, cum civium
sanguis, cum cinis patriae ante oculos versari
21 coeperat, tum denique ei resistebam neque me
arbitrabar sine summo scelere posse, quod maleficium in aliis vindicassem, idem in illorum socio,
24 cum scirem, defendere.

(153 lat. Wörter; Prüfungstext für das Große Latinum 1971, Reg. Bez. Mittelfranken)

V:

2) supplex: welche lat. Wortart?
   Wie ist das Wort zweckmäßigerweise wiederzugeben?

4) quaestura: wovon ableitbar?
   Besteht irgendein Zusammenhang mit der Form *quaesitura*?

7) officium, –i: auf Bedeutungsspektrum achten!
   Was ist hier gemeint?

9) ipsi: Kasus?
   facere: treffende Bedeutung?

14) precibus: unter welcher Grundform schlagen Sie nach?
   Kennen Sie ein Verbum gleichen Stammes?

19) caedes: Substantiv oder Verbum?

L _____

G:

1,8,21) Die Imperfektformen in den angegebenen Zeilen drücken Unterschiedliches aus; informieren Sie sich ggf. in der Grammatik (Index verwenden, Stichwort Imperfekt oder Tempora), was für Vorgänge dieses Tempus bezeichnet!

6) mea – sua: Beziehung und Sinn?

10–12) (qui) . . . necaret: was bezeichnet der Konjunktiv?

11) in conspectu uxoris ac liberorum: ist Genitivus subiectivus oder
                              obiectivus anzunehmen?

15) patriae . . .: wovon hängen die Genitive ab?

   Versuchen Sie nun eine Satzanalyse zu Zeile *15–24*

L _____

S

8) flectebar . . . atque frangebar: Stilmittel?

15) cum patriae, cum vestrorum periculorum, cum . . .: Stilfigur?

13/14) lacrimis ac precibus: welche Ausdrucksweise kann vorliegen?
                       Gute deutsche Formulierung?

L

Ü:

Versuchen Sie nun eine Übersetzung, die, so weit das möglich ist, die rhetorischen Elemente bewahrt!

L

I:

Woraus sucht Autronius eine Verpflichtung Ciceros herzuleiten, ihm beizustehen? Welche Wesenszüge soll nach den Absichten des Redners der Hörer an ihm vor allem feststellen?

Bitte verwenden Sie, wenn möglich, lateinische Begriffe!

18 ff.) universum totius urbis incendium . . ., caedes, civium sanguis: worauf spielt Cicero an und was beabsichtigt er mit diesen sich bis *cinis patriae* steigernden Wendungen?

Lösungen zu 5.1:

V:

2) supplex, -plicis: Adjektiv mit partizipialen Zügen; das zeigt auch die deutsche Bedeutung ,,flehend". Wir werden es bei der Übersetzung entsprechend behandeln, zumal von ihm (wie von einem Partizip!) ein *ut*-Satz abhängt, also:

. . . und flehte mich an, ihn . . .

. . . wobei er mich flehentlich bat, ihn . . .

4) quaestura, -ae: bezeichnet das Amt des Quaestors, der früher als Untersuchungsrichter fungierte *(quaerere!)*; später stellte die Quaestur das Eingangsamt der höheren Beamtenlaufbahn in Rom dar und befaßte ihren Inhaber mit Finanzfragen.

So, wie der Quaestor auf einen *quaesi-tor* zurückzuführen ist, läßt sich auch hinter der *quaestura* eine ältere Vollform suchen, die aber mit der *-urus*-Form von *quaero* außer dem Stamm nichts gemeinsam hat: bei substantivischen Ableitungen bezeichnet das Suffix -*ura* ein Amt, z.B. *dictatura, praetura*, steht also in keiner Verbindung mit dem Partizip Futur.

7) officium (aus *opi-facium*): hier paßt die Grundbedeutung „Dienstleistung"; es geht um erwiesene Gefälligkeiten.

9) ipsi: hier Dativ Singular; die meisten Pronomina haben im Dativ den Ausgang -*i*, im Gen. Sg. -*ius*; im Falle von *hui-c* liegt infolge des hinweisenden -*c* nur eine scheinbare Ausnahme vor.

insidias facere: einen Mordanschlag unternehmen

14) preces, -um: Bitten; Verbum: *precari* (vgl. ital. prego)

19) natürlich ist *caedes* hier Substantiv, das zeigt der gesamte Aufbau des Satzes mit der Begriffsreihe *incendium – tela – caedes – sanguis – cinis*; für eine Verbform wäre innerhalb der gleichartigen nominalen Glieder gar kein Platz.

Mit unserer Frage wollten wir darauf aufmerksam machen, in welchem Maß mehrdeutige Formen durch den Kontext determiniert werden.
Als Verbform wäre *caedes* 2. Pers. Sg. Ind. Fut. Aktiv zu *caedere*.

G:

1/8/21) Das Im-perfekt bezeichnet im Lateinischen wiederholte, noch nicht abgeschlossene bzw. erst einsetzende sowie versuchte Handlungen.
veniebat (*Z. 1*) ist somit iterativ aufzufassen („immer wieder"),
flectebar et frangebar (*Z. 8*) ingressiv („ich wurde allmählich weich") oder *de conatu* („ich wollte schon nachgeben") – auch die Konjunktive *deponerem* und *obliviscerer* sind entsprechend aufzufassen –,
resistebam und arbitrabar (*Z. 21*) ingressiv („raffte mich dazu auf, nein zu sagen, und gelangte zu der Erkenntnis")

6) Die Pronominalformen *mea* und *sua* gehören zu *officia*; bei der Übersetzung kommt es sehr darauf an, womit man beginnt:
„Viele meine in sich . . ." – das sieht wörtlich aus, ist aber sinnlos; zudem wurde nicht berücksichtigt, daß *in* (m. Akk.) in der Bedeutung „gegenüber" einen besseren Sinn ergibt und das Reflexivum *se* in der Mehrzahl der Fälle n i c h t durch ein deutsches rückbezügliches Fürwort ausgedrückt werden kann, weil das Lateinische Rückbezüglichkeiten viel rigoroser und konsequenter kennzeichnet als das Deutsche – denken wir vor allem an abhängige Gliedsätze und an die oratio obliqua!

Hierzu ein kleines Beispiel:

Contendit iudex	Der Richter erklärte,
se studio captum teneri,	er sei befangen (daß er . . . sei)
	(erklärte sich für befangen),
quod reus multa in se	weil der Angeklagte ihm
beneficia contulisset.	viele Gefälligkeiten erwiesen habe.

,,Meine vielen (Gefälligkeiten) ihm gegenüber . . .", das klingt schon besser, aber jetzt bleiben wir bei *nonnulla* hängen: ,,seine einigen"? ,,einige seine"? Denken wir daran, daß Possessivpronomina nicht nur die gleiche Funktion erfüllen wie ein Gen. possessivus, sondern auch die eines Gen. subiectivus:

amica fratris – amica mea: rein possessive Funktion

amor fratris (die Zuneigung des Bruders) – *amor tuus* (deine Zuneigung = die von
    dir ausgehende Zuneigung): subjektive Funktion,
    Sachverhalt: *frater amat – tu amas*;

Gegensatz:

amor fratris (Sympathie für den Bruder) – *amor tui* (Sympathie für dich): objektive
    Funktion,
    Sachverhalt: (*aliquis*) *fratrem / te amat.*

Da wir nun sicher erkannt haben, welcher Sachverhalt dem Satz zugrunde liegt (Cicero hatte dem Autronius eine ganze Menge Gefälligkeiten erwiesen, während er von diesem nur einige empfangen hatte), gelangen wir zu folgender Formulierung:

Er machte auf meine vielen Gefälligkeiten ihm gegenüber aufmerksam und brachte auch einige vor, die er mir erwiesen hatte.

10–12) Bei konjunktivischen Relativsätzen ist grundsätzlich zu prüfen, ob der Konjunktiv Einfluß auf die Wiedergabe im Deutschen hat; bei **finalem** Sinn, wie er in unserem Fall vorliegt (*qui = ut is*), wäre dt. Indikativ falsch und sinnlos (,,der mich tötete"). Wir übersetzen: ,,der mich töten **sollte**", ,,um mich zu ermorden".

in conspectu uxoris: nach dem oben Gesagten dürfte klar sein, daß rein grammatikalisch sowohl subjektiver (*uxor conspicit* – die Frau sieht zu) wie objektiver (*Cicero, cum necatur, uxorem conspicit*) Sachverhalt angenommen werden kann; sinnvoll ist wohl nur der subjektive: ,,vor den Augen meiner Frau".

15) patriae: Objekt im Genitiv, abhängig von *memineram*

Satzanalyse:

Sed cum . . . coeperat ist keine Abfolge von Gliedsätzen, sondern ein Temporal-
satz mit vielen Subjektiven und einem Prädikat; lassen Sie sich von der häufigen
Wiederaufnahme (Anapher) des *cum* nicht verwirren!
Der Hauptsatz der Periode reicht von *tum* bis *arbitrabar*; das Subjekt (ich =
Cicero) steckt in den beiden Prädikaten.
Jetzt wird er kompliziert! Wir gehen an den Rest in der Weise heran, daß wir uns
sowohl von konstruktiven Merkmalen wie vom zu erwartenden bzw. zu erschlie-
ßenden Inhalt leiten lassen.
Sachverhalt bis *arbitrabar*: Cicero denkt an das bedrohliche Vorhaben der Catili-
narier, entschließt sich, nein zu sagen und kommt zu der Ansicht . . .

Den Kern dessen, was er denkt, stellt ein AcI dar, bestehend aus *me* (vor *arbitrabar*!)
und *posse*.
Was kann Cicero nicht? – *defendere*!
Dieser von *posse* abhängige Infinitiv verlangt nach einem Objekt; nur *idem* steht zur
Verfügung.

Wir haben also bisher ermittelt:

(ich kam zu der Ansicht), daß ich nicht – aus: ich glaubte nicht, daß ich – dasselbe
sine summo scelere verteidigen könne . . .

Unsere Ergebnisskizze soll zweierlei zeigen:

1. ist es sinnvoll, lateinische Negationen, die einen „Drang zur Frontstellung" haben,
   bei der Übersetzung vom Satzanfang wegzunehmen; das gilt besonders für *neque*;
   denken Sie an Verbindungen wie *neque quisquam*: und keiner, *neque umquam*:
   und nie; auch *nego quemquam*: ich behaupte, daß keiner.

2. empfiehlt es sich, bei der Bearbeitung schwierigerer Texte sich in häufigerer Wiederholung das zu vergegenwärtigen, was man bereits erschlossen hat, wobei man nicht
   Verstandenes bzw. noch nicht ganz zuverlässig nach Standort und Bedeutung Ein-
   gepaßtes einfach lateinisch mitschleppt.
   Nach kurzer Gewöhnung findet man nichts mehr dabei, in dieser Weise zwei-
   sprachig zu arbeiten und vermeidet so den Fehler zu früher Festlegung auf unter
   Umständen falsche Lösungen.

Mit dem Neutrum *idem* korrespondiert *quod*, das dadurch als Relativpronomen determiniert ist:

... dasselbe, was ich ... bestraft hatte.

Für die Einordnung von *maleficium* bieten sich zwei Lösungen:

1. ..., was ich als Verbrechen ... bestraft hatte,
2. ... dasselbe Verbrechen, das ich ...

Während wir im ersten Fall von der Annahme eines doppelten Akkusativs ausgingen, holten wir im zweiten *maleficium* aus dem Relativsatz heraus und zogen es zu dem Demonstrativum *idem*.

Derartiges Vorgehen ist oft unerläßlich, da lateinische Relativsätze zur Attraktion (Einbeziehung) von Satzgliedern neigen:

In quam urbem venimus, magna erat.	Die Stadt, in die wir kamen, war groß.
Amat circenses, quam delectationem ego vehementer odi.	Er schätzt Zirkusspiele, eine Form der Unterhaltung, die ich aufs schärfste ablehne.

Nun sehen wir auch deutlich, daß *in aliis* und *in illorum socio* miteinander in Beziehung stehen. Cicero meint also, er könne im Falle des Autronius sich nicht anders verhalten als gegenüber den restlichen Catilinariern, ohne ... zu ...: diese Überlegung führt an eine gute Lösung für *sine summo scelere* heran.

S:

8) Alliteration (f–f); ferner ist wahrscheinlich Hendiadyoin (auch Pleonasmus) anzunehmen: „ich ließ mich so gründlich umstimmen"

15) Anapher; ↗S. 30!

13/14) Hendiadyoin: tränenreiche Bitten

Ü:

Immer wieder kam Autronius zu mir – er rannte mir geradezu das Haus ein – und flehte mich unter vielen Tränen an, seine Verteidigung zu übernehmen; (in diesem Zusammenhang) wies er darauf hin, daß er als Junge mein Mitschüler, in seinen Jugendjahren ein guter Bekannter und als Quaestor mein Kollege gewesen sei.

Er machte auf meine vielen Gefälligkeiten ihm gegenüber aufmerksam und brachte auch einige vor, die er mir erwiesen hatte.

Das alles, hohes Gericht, stimmte mich mit der Zeit so milde, daß ich schon bereit war, den von ihm gegen mich inszenierten Mordanschlag aus dem Gedächtnis zu verdrängen, daß ich mich schon kaum mehr erinnerte (zu vergessen begann), daß er den Gaius Cornelius losgeschickt hatte, der mich in meiner Wohnung, vor den Augen meiner Frau und meiner Kinder umbringen sollte.

(Wirklich), ich hätte ihm nie seine tränenreich vorgebrachten Bitten abschlagen können (mich widersetzen können), hätte er dergleichen (dies; rel. Satzanschluß *quae*) allein mir gegenüber im Schilde geführt (*cogitare* bedeutet hier „planen, beabsichtigen").

Aber als ich an das Vaterland dachte, an eure Gefährdung, an diese unsere Stadt, an die Tempel, an die kleinen (unmündigen) Kinder, an die verheirateten Frauen und jungen Mädchen und als mir allmählich (adverbiale Übersetzung von *coeperat*) die (beabsichtigte) umfassende Brandstiftung in der ganzen Stadt, die (Bedrohung durch) Waffen, das (geplante) Massaker, das Blut der Bürger und die Zerstörung (Asche) unseres Landes vor Augen trat, da endlich rang ich mich dazu durch, seine Bitten nicht zu erfüllen, und gelangte zu der Ansicht, daß ich nicht die gleiche Untat, die ich bei anderen bestraft hatte, bei einem Mitglied jener Gruppe trotz besseren Wissens verteidigen könne, ohne größte Schuld auf mich zu laden (ohne höchstes Verbrechen; *cum scirem*: konzessives *cum*).

I:

Autronius beruft sich einmal auf die alte Bekanntschaft, zum andern auf wechselseitige *officia*; daß er – wie Cicero behauptet – in diesem Bereich eher der Nehmende als der Gebende war, spielt keine besondere Rolle: nach antiker Auffassung verpflichtet ein beneficium nicht nur den Empfänger zu *gratus animus* und *fides*, sondern auch den Geber – nämlich zu weiteren *beneficia*; das ist auch ein Aspekt der *fides*: man will sich doch auf ihn verlassen können! Ähnlich ging man mit den Göttern um; viele antike Gebete sind nach dem System aufgebaut: „Hilf mir jetzt, wie du schon oft geholfen hast".

Wenn Cicero beschreibt, wie er beinahe ein Attentat verdrängt hätte, dann will er damit sich als *clemens, mitis, misericors* hinstellen; *clementia* und *misericordia* gegenüber dem *supplex*, mochte dieser auch einiges auf dem Kerbholz haben, waren ethische Forderungen, denen man sich nur entziehen konnte, wenn andere, höherwertige dagegenstanden.

Cicero beschreibt also einen echten Pflichtenkonflikt; er leugnet ja keineswegs seine Bereitschaft, für Autronius einzutreten. Nur der Gedanke an die von jenem mitverursachte Bedrohung der *res publica* gibt schließlich den Ausschlag für sein Nein.

In der Übersetzung haben wir es schon zum Ausdruck gebracht: all die schrecklichen Dinge sind gar nicht wirklich passiert; das waren die angeblichen Pläne der Catilinarier, die Stadt in Brand zu stecken usw.

Wenn Cicero so ausführlich dieses Schreckensbild malt, dann tut er es wohl nicht nur, um seine Entscheidung zu Ungunsten des Autronius zu begründen, sondern auch, um – wieder einmal – seinen Zuhörern vor Augen zu führen, wovor er sie bewahrt hatte. Es gab zu seinem Leidwesen genug Leute, die Catilina keineswegs für so gefährlich gehalten hatten.

5.2 Eine herbe Enttäuschung

Korrekturübung anhand eines Latinum-Texts

Bitte vergleichen Sie das lateinische Original aufmerksam mit der fehlerhaften Übersetzung in der rechten Spalte und suchen Sie die einzelnen Verstöße zu analysieren:

Streichen Sie also nicht nur das Falsche an, sondern bestimmen Sie auch durch Anbringen der folgenden Abkürzungen die Fehlerursachen!

Es bezeichne

V Unkenntnis oder Verwechslung von Vokabeln

F1 Falsche Bestimmung von Formen nach Person, Numerus, Modus, Tempus, Genus verbi beim Verb bzw. Kasus, Numerus und Genus beim Nomen

F2 Grenzüberschreitende Fehlbestimmung (Adverb als Adjektiv, Verb als Nomen aufgefaßt u. ä.)

S1 Verstöße gegen die elementare Satzlehre (Kongruenz nicht beachtet, reflexive Beziehungen mißdeutet), gegen die Kasuslehre und die Kasusrektion der Präpositionen

S2 AcI, NcI, Gerundium/Gerundiv, Partizipialkonstruktionen, Supina nicht richtig erfaßt

S3 Beziehung der Satzglieder nicht erfaßt, Periode durch Auslassungen, unzulässige Ergänzungen und Umstellungen zerstört.

Die von uns zusammengestellten Fehlerursachen erfassen weitestgehend die zu erwartenden *errata*. Ähnliche Kriterien werden auch bei der Korrektur Ihrer Abiturarbeit angelegt werden![1] Mit der Gewichtung der Fehler wollen wir Sie nicht belasten, doch geben wir im Lösungsteil Hinweise darauf.

---

[1] Wenn es Sie interessiert, nach welchen Richtlinien in Zukunft lateinische Prüfungsaufgaben in den Abschlußklassen und im Abitur bewertet werden sollen, dann empfehlen wir K. Bayer, Zur Objektivierung der Leistungsmessung. Bewertung altsprachlicher Schul- und Prüfungsaufgaben, in: Anregung, Zeitschrift für Gymnasialpädagogik (Bayer. Schulbuchverlag, München), Heft 2, 1975, S. 95–101; jetzt auch: K. Bayer (Hrsg), Leistungsmessung im altsprachlichen Unterricht – Auers didaktische Reihe – Auer Verlag Donauwörth, 1976.

Ita multa Romae geruntur, ut vix ea, quae fiunt in provinciis, audiantur.

Fehler-art ?

Vieles wird in Rom so ausgeführt, daß man das nicht hört, was in der Provinz geschieht.

3 Non vereor, ne mihi aliquid videar arrogare[1], si de quaestura mea dixero; non vereor, ne quis audeat 6 dicere ullius in Sicilia quaesturam aut clariorem aut gratiorem fuisse.

Ich scheue mich nicht, mir etwas anzumaßen, ich scheue mich nicht, wenn jemand sagen hört, daß irgendeine Quästur in Sizilien entweder berühmter oder dankbarer war.

Vere mehercule[2] hoc dicam;

Im Frühling, beim Hercules, werde ich es sagen;

9 sic tum existimabam nihil homines aliud nisi de quaestura mea loqui.

so glaubte ich damals nichts, und die Leute Roms sprachen von etwas anderem als von meiner Quästur.

Omnibus eram visus in omni officio 12 diligentissimus; excogitati erant a Siculis honores in me inauditi.

Allen war ich in aller Pflichterfüllung sehr sorgfältig erschienen; von den Sizilianern waren an mir unerhörte Ehren vollzogen worden.

Itaque hac spe decedebam, ut mihi 15 populum Romanum omnia delaturum putarem.

Daher kam ich von der Hoffnung ab, daß ich mir glaubte, das römische Volk von allem abzubringen.

At ego cum casu diebus iis itineris 18 faciendi causa decedens e provincia Puteolos[3] forte venissem, cum plurimi et lautissimi[4] in iis locis solent 21 esse, concidi paene, cum ex me quidam quaesisset, quo die Roma exissem et num quidnam esset novi.

Und als ich durch Zufall für ein paar Tage eine Reise machte – der Grund war mein Weggang aus der Provinz – und tapfer nach Puteoli kam, als sich an diesen Orten die meisten und saubersten aufzuhalten pflegten, schlug ich fast zusammen, als mich ein gewisser fragte, an welchem Tag ich aus Rom herausgegangen sei und was es Neues gebe.

---

1) arrogare: sich etwas anmaßen   2) mehercule: beim Herkules!
3) Puteoli, -orum: (heute Pozzuoli) Badeort bei Neapel   4) lautus, -a, -um: sauber, fein

```
            \Fehler-/
             \ art /
              \ ? /
               \/
```

24 Cui cum respondissem me e provincia decedere, „Etiam[5], mehercule",
inquit, „ut opinor, ex Africa".

Als ich diesem geantwortet hatte, daß ich aus
der Provinz weggegangen sei, sagte er: „Ja,
beim Herkules, wie ich glaube, aus Afrika!"

27 Huic ego stomachans[6]: „Immo ex
Sicilia," inquam.

Ärgerlich darüber sagte ich: „Vielmehr aus
Sizilien!"

Tum quidam: „Quid? Tu nescis",
30 inquit, „hunc quaestorem Syracusis[7] fuisse?"

Da sagte der gewisse: „Was? Du weißt nicht,
daß dieser Quästor von Syrakus gewesen ist?"

Quid multa? Destiti stomachari et
33 me unum ex iis feci, qui ad aquas
venissent.

Was vieles? Ich hörte auf mich zu ärgern und
machte mich zu einem von denen, die zum
Wasser gekommen wären.

Sed haud scio an ea res mihi
36 plus profuerit, quam si me tum
omnes gratulati essent.

Aber ich weiß nicht, ob mir dies mehr genützt
hat, als wenn mir damals alle gratuliert hätten.

Nam postquam sensi populi Romani
39 aures hebetiores[8], oculos autem
esse acres atque acutos, destiti cogitare, quid homines de me audituri
42 essent; feci, ut postea cottidie praesentem me viderent.

Denn nachdem die Sinne des römischen Volkes
stumpfer als Gold, die Augen aber hitzig und
scharf sind, hörte ich auf zu denken, was die
Leute über mich gehört hätten; ich handelte,
damit später täglich die Gegenwart mich sah.

---

5) etiam (hier): ja   6) stomachari: sich ärgern
7) Cicero war Quästor von Westsizilien mit Amtssitz in Lilybaeum gewesen;
von Syrakus aus wurde der Osten der Insel verwaltet.
8) hebes, -etis: stumpf

(Ergänzungsprüfung für das Latinum im Rahmen der Reifeprüfung 1974; 204 lat. W.; aus Ciceros
Rede für Plancius 26 f.)

Lösungen zu 5.2:

1) ita (**S 3**): gehört sinngemäß zu *multa*, wiewohl wir laut Schulgrammatik gewöhnt sind, beim Adjektiv *tam*, beim Verb *ita* (und für **wie** entsprechend *quam* bzw. *ut*) zu erwarten.

„In Rom sind derart viele Dinge im Gange . . ."

2) in provinciis (**F 1**): in den Provinzen (Plural!)

3) non vereor, ne (**V** mit Konsequenzen für die Konstruktion): die Bedeutung „sich scheuen", die *vereri* haben kann, verlangt nach einer Infinitivkonstruktion; *vereri, ne = timere, ne.* Folgenschwere Verwechslung!

ne . . . aliquid: wenn nach den Stützwörtern *si, nisi, ne, num, quo* statt des einfachem Indefinitpronomens *quis aliquis* erscheint, bedeutet das eine Verstärkung: *si aliqua subest spes*: wenn auch nur ein bißchen Hoffnung (die geringste Hoffnung) besteht.

„Ich brauche nicht zu befürchten, mir auch nur das geringste anzumaßen zu scheinen" bzw. „. . . den Anschein zu erwecken, als wollte ich mir auch nur das geringste anmaßen (als sei ich ein ganz klein wenig eingebildet)"

4) (**V**) (Gliedsatz ausgelassen) „wenn ich (nun) auf meine Quästur zu sprechen komme." (sog. Leichtsinnsfehler)

Auslassungen dieser Art kann man vermeiden, wenn man die in der Übersetzung erfaßten Wörter im lateinischen Text mit einem nicht zu auffälligen (weil sonst ablenkenden) Zeichen versieht, z.B. mit einem Punkt unter der Zeile: *dixero*

5) ne (**V** mit konstruktiven Folgen): mit *si* verwechselt;

audeat (**V**): von *audere*, nicht von *audire*!

6) ullius (**F 1**) ≠ *ullam*!

7) gratiorem (**V**): „dankbar" gibt keinen guten Sinn; gemeint ist, daß über niemands Quästur nach Ciceros Meinung die Leute mehr redeten (*clarior*) und keine **angenehmer,** sympathischer, humaner fanden.

8) vere (**V**): Adverb zu *verus*; hier wegen des Sinns nicht als Abl. von *ver, veris* auffaßbar;

dicam (Folgefehler): eher Konjunktiv (Potentialis) als Futur

9) nihil (**S 3**): unzutreffend zu *existimabam* bezogen; in Wirklichkeit in den AcI *homines nihil aliud loqui* gehörig.

„Ich brauche nicht zu befürchten, irgendjemand könnte es wagen, zu behaupten, die Quästur von irgendwem (sonst) in Sizilien sei entweder ruhmreicher oder (für die Bevölkerung) angenehmer gewesen. Tatsächlich möchte ich, beim Herkules, mich dazu folgendermaßen äußern: ich war damals der festen Meinung (meine Ansicht war so), die Leute sprächen über nichts anderes als über meine Quästur."

Verneinte Verbindungen mit *nisi* lassen sich sehr oft auf ein deutsches „nur, lediglich, ausschließlich" reduzieren:

nemo nisi stultissimus quisque	das glaubt nur ein ausgemachter
hoc credit	Dummkopf

Die Fehlbeziehung von *nihil* führte zur unzulässigen Ergänzung eines **und** (**S 3**) und der Behandlung des Infinitivs *loqui* als finiter Verbform (**S 2**); schwerer Verstoß!

11) officium (**V**): besser mit Aufgabe(nbereich) wiedergeben!
omnis (**V**): jeder, jeglicher

12) ex-cogitare (**V**): Bedeutung nicht erschlossen, sondern aufgrund einer Fehldeutung von *in me* geraten:

„die Sizilianer hatten sich unerhörte Ehrungen für mich ausgedacht."

14) hac spe (**S 1**): das Verbum *decedere*, das öfter im Text vorkommt, bezieht sich jedesmal auf Ciceros Abreise aus Sizilien; zwar gibt es Wendungen wie *iure suo decedere*: auf sein Recht verzichten, doch läuft eine separative Deutung von *hac spe* dem Sinn des Satzes entgegen; der Ablativ ist modal aufzufassen: „in der Hoffnung reise ich ab."
mihi (**S 3**): unzulässig als Objekt zu *putare* bezogen; *putare* bedeutet aber nie „(jemandem) glauben" im Sinne von *credere* oder *fidem habere*, sondern immer „annehmen, halten für" (*aliquem fidum putare*).

15) Als Folge der Fehlbeziehung in *14* wird nun *populum Romanum* nicht als Subjekt des AcI mit dem Prädikat *delaturum* (*esse*) erkannt, sondern *me* (daß ich . . .) ergänzt (**S 3**), *omnia* (**F 1**) wie ein Ablativ behandelt und eine Bedeutung von *deferre* gewählt, die nur im Zusammenhang mit den vorausgegangenen Fehlern „stimmt":

„Ich machte mich deshalb in der festen Hoffnung auf den Heimweg (ingressives Imperfekt: begann abzureisen), das römische Volk werde mir alles" – herabbringen? hinschaffen? anbieten? übertragen? melden? berichten? anzeigen?

Um den Sinn zu erschließen, muß man sich ein wenig in die Situation Ciceros versetzen: er hat die erste Stufe der höheren Beamtenlaufbahn, wie er meint, mit Bravour hinter sich gebracht und hofft nun, daß das Volk in Rom ihm alles (weitere), d.h. wohl, die restlichen Staatsämter eins nach dem anderen in dankbarer Begeisterung antragen bzw. ihn in diese Ämter wählen werde.

Die Bedeutungen anbieten/übertragen kommen somit dem Sinn der Aussage am nächsten.

17) at (**V**) ≠ *et*!

diebus (**F 1 / S 1**): Abl. temporis, dazu *iis* (**S 3**, ausgelassen)

„Als ich im Verlauf dieser Tage (in diesen Tagen) zufällig . . .“

intineris faciendi causa (**S 2**): Gerundivkonstruktion mit *causa* nicht erfaßt, *causa* überdies falsch bezogen.

„. . . um eine Reise zu machen (wegen der zu unternehmenden Reise)
besser: im Zusammenhang mit meiner Reise

18) decedens (**F 2**): es wurde übersetzt, als stünde da: *causa erat decessus meus e provincia* (was im übrigen schauerliches Latein wäre!) –

„da ich ja aus der Provinz zurückkehrte.“

19) forte (**F 2**) ≠ *fortiter*! Die Form ist zwar doppeldeutig (erstarrter Ablativ zu einem nicht mehr gebräuchlichen Substantiv **fors* – Zufall (vgl. *fortuna*) und Nom. Neutrum Sg. zu *fortis, -e*), aber im Kontext in der Regel zweifelsfrei zu bestimmen.

„. . . zufällig nach Puteoli kam.“

20) solent (**F 1**): es ist zwar nicht selten, daß bei der Wiedergabe lateinischer Präsensformen deutsches Präteritum angemessen ist (sog. historisches Präsens in lebhafter Schilderung), doch sollte man in Gliedsätzen größte Vorsicht walten lassen. Wir haben eines der vier *cum* mit Indikativ:

cum relativum:	damals, als – zu der Zeit, als
cum interativum:	jedesmal, wenn
cum inversum:	eben, als – kaum, als
cum explicativum:	indem; dadurch, daß

Nach einigem Herumprobieren werden wir uns für relativum entscheiden: Cicero kam in der Hochsaison nach Puteoli, „wenn sich dort üblicherweise die meisten vornehmen Leute aufhalten“.

Vom Standpunkt des Erzählers aus ist das Präsens also beizubehalten, denn Cicero schildert etwas, was zu seiner Zeit sich Jahr für Jahr abspielte: die feine Welt reist nach Puteoli.

21) concidi (**V**): hier müßte man die Kürze des -*i*- hören können!

con-cidere bedeutet tatsächlich „zusammenhauen, niedermetzeln", aber Cicero schlägt niemanden nieder; vielmehr will er ausdrücken, daß es ihn beinahe „hingehauen hätte"; er verwendet das *cadere*-Kompositum *concidere* (zusammenbrechen, hinfallen).

Bei Ausdrücken mit *paene/prope* (beinahe) sieht das Lateinische die tatsächlich bestehende Möglichkeit des Geschehens und verwendet den Indikativ; das Deutsche faßt dagegen ins Auge, daß das, was nur beinahe passiert wäre, eben nicht wirklich passiert ist, und drückt sich irreal, d. h. konjunktivisch aus. Bitte werfen Sie einen Blick in die Grammatik, Stichwort Realis!

quidam: „ein gewisser" ist keine sehr elegante Bedeutung; dieses Indefinitpronomen wird verwendet, wenn man eine Person oder Sache zwar näher benennen könnte, es aus irgendwelchen Gründen unterläßt; *aliquis/quisquam* dagegen dient zur Bezeichnung von Personen und Sachen, die man nicht genauer benennen kann.

22) exissem: (besser) verlassen hätte

23) num quid-nam (**V**): unpräzise wiedergegeben:

„ob es denn nichts Neues (nicht etwas Neues) gebe."

24) respondissem: die lat. Vorzeitigkeit braucht im Deutschen hier nicht ausgedrückt zu werden:

„als ich ihm zur Antwort gab."

25) decedere (**F1**): Infinitiv der Gleichzeitigkeit!

„daß ich mich auf der Rückreise aus der Provinz befände."

27) huic (**S1**): wäre der Grund des Ärgers angegeben, müßte das im Ablativ geschehen; *huic* ist Dativobjekt zu *inquam*

„ärgerlich entgegnete ich ihm."

29) quidam: bezeichnet hier nicht den bisherigen Gesprächspartner Ciceros, sondern einen weiteren:

„da warf ein anderer von meinen Bekannten ein: . . ."

30) Syracusis (**S1**): genauer „in Syrakus" (Ablativ des Ortes)

32) quid multa: unbeholfen wörtlich übersetzt; es handelt sich um einen verkürzten, formelhaft gebrauchten Satz, als dessen Prädikat wir *dicam* ergänzen können:

„was soll ich noch viel sagen?" „Wozu noch viele Worte?"

33) ad aquas: Anm. 3 informierte darüber, daß Puteoli ein Badeort war – und der Plural von *aqua* hat die seltene Sonderbedeutung „Heilquellen"; das nicht zu wissen ist verzeihlich, erschwert aber natürlich das Verständnis des Satzes. *venissent* gibt als Konjunktiv im Deutschen keinen rechten Sinn; gemeint ist wohl, daß Cicero so tut, als sei er auch ein Badegast; der Konjunktiv im Relativsatz erklärt sich dann aus der Irrealität, daß er ja keiner ist; vergleichbar sind konj. Gliedsätze mit *quasi, velut si, tamquam* (wie wenn, als ob). Die Logik dieser Annahme leidet freilich ein wenig unter dem Subjektswechsel: die anderen Leute sind ja tatsächlich wegen der Quellen gekommen.

Wir gestatten uns daher die bescheidene Feststellung, daß diese Passage für einen Latinum-Text reichlich anspruchsvoll war.

„Ich mischte mich unter die Leute, die zur Badekur gekommen waren."

35) haud scio an (**V**): nach Ausdrücken des Nichtwissens entspricht lat. *an non* dem deutschen ob, *an* dagegen unserem ob nicht!

Da die wörtliche Übersetzung schwerfällig wirkt, prägt man sich am besten für die Wendungen mit *an / an non* Patentlösungen ein:

haud scio ⎱
dubito   ⎰ an: vermutlich, wahrscheinlich, vielleicht

haud scio ⎱
dubito   ⎰ an non: schwerlich, kaum

„Wahrscheinlich aber war dieses Erlebnis heilsamer für mich . . ."

38) sensi (**F 2**): nicht von *sensus, -us,* sondern Perf. von *sentire!*

39) aures (**F 2**): ≠ *auro* (Abl. comparationis zu *aurum*), sondern von *auris, -is*: Ohr

40) esse (**S 3**): als Prädikat des *postquam*-Satzes unmöglich (*post-quam* verlangt in der Regel einen Indikativ Perfekt; darnach wäre zu suchen gewesen!)

„Denn nachdem ich gemerkt hatte, daß das römische Volk ziemlich schwerhörig ist, jedoch ungewöhnlich gut sieht (scharfe Augen hat) . . ."

(Komparative ohne Vergleichsgegenstand übersetzt man in der Regel mit ziemlich, recht, zu und allzu; *oculi acres atque acuti*: Hendiadyoin / Pleonasmus)

41) audituri essent (**F 1**) ≠ *audivissent*; Konjunktive der *-urus*-Formen erscheinen fast ausschließlich in indirekten Fragesätzen und bezeichnen die Nachzeitigkeit:

„machte ich mir keine Gedanken mehr, was die Leute womöglich über mich hören könnten."

(*destiti cogitare*: eine Reihe von Verbindungen mit dem Objektsinfinitiv gibt man im Deutschen zweckmäßigerweise so wieder, daß das lat. Hauptverb zum Adverbiale, der Infinitiv aber zum Hauptverb wird:

aegre ferre coepi: ich wurde allmählich wütend
abire maturavit: er ging schleunigst weg)

42) feci: dies ist wieder ein Beispiel, wie (durch nachfolgende Irrtümer mitbedingt) der Sinn eines Texts durch Verwendung zulässiger Bedeutungen entstellt wird, wenn man diese Bedeutungen nicht am größeren Zusammenhang mißt: ,,gehandelt" hat Cicero ja auch schon vorher, allerdings ohne den erhofften Erfolg. Als er zur Erkenntnis gekommen war, daß die Römer auf nur Gehörtes wenig geben und bei ihnen infolgedessen nur der Erfolg haben kann, den sie sehen, zog er daraus Konsequenzen:

,,ich machte, daß . . . = ich bewirkte es, daß = ich legte es darauf an, daß . . ."

Wir erkennen, daß infolge des nun veränderten Sinns der Gliedsatz nicht final, sondern eher konsekutiv aufzufassen ist.

praesentem (**F 1**) $\neq$ *praesens*; *viderent* (**F 1**) $\neq$ *videret*; eine Aussage ,,die Gegenwart sieht mich" entspräche zudem nicht römischer Denkweise: das Lateinische meidet es weitgehend, Abstrakta als Subjekt zu Prädikaten zu ziehen, die etwas bezeichnen, wozu nur die belebten Wesen fähig sind (vgl. dagegen im Deutschen: ,,Dieses Unrecht schreit zum Himmel!")

Subjekt zu *viderent* sind die *homines*; *praesentem* ist 2. Akkusativ und ergänzt *me*:

,,. . . daß sie mich später täglich (anwesend sahen) leibhaftig vor Augen hatten."

Wenn Sie nun diese zugegebenermaßen anstrengende Übung hinter sich gebracht haben, dann dürften Sie wohl in der Lage sein, auch eigene, korrigiert vorliegende Arbeiten kritischer als bisher zu beurteilen und vor allem die Ursachen häufiger gemachter Fehler zuverlässig zu ermitteln.

Sie haben dann einen Ansatzpunkt zu nachdrücklicher Wiederholung. Je mehr korrigierte Texte Sie auswerten, um so zutreffender werden verständlicherweise die Ergebnisse, da ein Abschnitt von der Länge des eben behandelten unmöglich all jene Erscheinungen, mit denen Sie unter Umständen Schwierigkeiten haben, gleichmäßig darbieten kann.

Unter den oben richtiggestellten Versehen befanden sich z.B. nur deshalb so wenige aus der Gruppe **S 2**, weil der Text praktisch keine Partizipialkonstruktionen enthielt; das einzige Gerundiv, das vorkam, war ja hinreichend verbaut worden!

Damit Sie im Training bleiben, schieben wir bald wieder eine (kürzere) Korrekturübung ein!

5.3 Der richtige Lebensweg in der Sicht des christlichen Apologeten

Haec est via, quam philosophi quaerunt, sed ideo non inveniunt, quia in terra potius, ubi apparere
3 non potest, quaerunt. Errant ergo velut in mari magno nec, quo ferantur, intellegunt, quia nec viam cernunt nec ducem sequuntur ullum. Eadem
6 namque ratione hanc vitae viam quaeri oportet, qua in alto iter navibus quaeritur, quae, nisi aliquod caeli lumen observent, incertis cursibus
9 vagantur.

Quisquis autem rectum iter vitae tenere nititur, non terram debet aspicere, sed caelum et, ut aper-
12 tius loquar, non hominem sequi debet, sed deum, non his terrestribus simulacris, sed deo servire caelesti, non ad corpus referre omnia, sed ad
15 mentem, non huic vitae dare operam, sed aeternae.

Itaque si oculos in caelum semper intendas et so-
18 lem, qua oritur, observes eumque habeas vitae quasi navigii ducem, sua sponte in viam pedes dirigentur et illud caeleste lumen, quod sanis menti-
21 bus multo clarior sol est quam hic, quem carne mortali videmus, sic reget, sic gubernabit, ut ad summum sapientiae virtutisque portum sine ullo
24 errore perducat.

Suscipienda igitur dei lex est, quae nos ad hoc iter dirigat, illa sancta, illa caelestis, quam Mar-
27 cus Tullius paene divina voce depinxit: „Est quidem vera lex recta ratio, naturae congruens, diffusa in omnes, constans, sempiterna, quae vocet
30 ad officium iubendo, vetando a fraude deterreat, quae tamen neque probos frustra iubet aut vetat nec improbos iubendo aut vetando movet.“

2) **apparere** (hier): sichtbar werden
7) **in alto**: ergänze mari
18) **qua**: wo
21/22) **caro mortalis**: sterbliches Fleisch; gemeint sind hier unsere irdischen Sinne

Zum Text: 204 lat. Wörter; Abiturprüfung 1975, Kollegstufe, Grundkurs (Vorprüfung), Text I, aus Lactantius, Divinae institutiones VI 8, 1–7

V:

1) quam: Wortart?

quaerunt: Stammformen des Verbums?

ideo: Synonym?

2) quia: Sinnrichtung des Gliedsatzes?

Bedeutungsähnliche Konjunktionen?

4) quo: Bedeutung der Form an dieser Stelle?

Bedeutungsspektrum?

5/6) eadem ratione: wodurch könnte die Wendung an dieser Stelle ersetzt werden?

8) lumen: benennen Sie bitte drei vom gleichen Stamm abgeleitete Wörter!

10) quisquis: welches der folgenden Pronomina ist bedeutungsgleich?

quisque – quidam – quicumque – quisquam

nititur: unter welcher Grundform schlagen Sie nach?

Bedeutungsspektrum des Worts?

Bedeutung an der vorliegenden Stelle?

14) referre: auch hier sind das Bedeutungsspektrum und die durch den Kontext bedingte Bedeutung anzugeben.

17) intendas: Infinitiv Präsens Aktiv?

25) suscipienda: Stamm des Verbums?

27/28) quidem: Wortart?

28/29) diffusa: von welchem Verbum hergeleitet?

L

G:

4) ferantur: Begründung für den Konjunktiv?

7) quae: worauf bezieht sich das Relativum?

8) observent: Funktion des Konjunktivs?

11/12) apertius: bestimmen Sie bitte die Form genau!

12) deum: wovon abhängig?

17) intendas: welche Aufgabe erfüllen dieser und die folgenden Konjunktive *observes/habeas*?

19/20) dirigentur: Tempus und Modus?

25) suscipienda lex est: welche Konstruktion liegt vor?

26) dirigat: wieder ist ein Konjunktiv zu begründen!

28) naturae: Kasus?

29) vocet: warum Konjunktiv?

30) iubendo/vetando: welche syntaktische Erscheinung liegt vor?

L

S

11 ff) non terram, sed caelum, non hominem, sed deum, non . . ., sed:
welcher Stilmittel bedient sich der Autor in dieser Periode?

18/19) eumque habeas vitae quasi navigii ducem:
auch hier lassen sich zwei rhetorische Kunstgriffe bestimmen!

22–24) sic reget, sic gubernabit, ut ad summum sapientiae virtutisque portum sine ullo
errore perducat:
wenn Sie die vorherigen Fragen richtig beantwortet haben, werden Sie feststellen,
daß gleiche stilistische Eigenheiten vorliegen wie in den zunächst untersuchten
Passagen.

29/30) quae vocet ad officium iubendo, vetando a fraude deterreat:
hier verdient vor allem die Wortfolge Beachtung!

L

Ü:

Bevor Sie die Übersetzung in Angriff nehmen, denken Sie bitte über ein paar
Fehlleistungen nach, die sich bei unsicheren Kenntnissen leicht einstellen können.
Versuchen Sie zu ermitteln, welche Signale des Texts jeweils nicht beachtet wurden!

17/18) (si) solem, qua oritur, observes: „wenn du die aufgehende Sonne beobachtest".

20/21) illud caeleste lumen, quod sanis mentibus multo clarior sol est:
„jenes Himmelslicht, weil es bei gesundem Verstand viel heller als die Sonne ist . . ."

25) suscipienda igitur dei lex est: „Gott muß also das Gesetz annehmen."

Wenn Sie vor Ihrer Übersetzung über diese Stellen Klarheit haben wollen, können Sie
einen Blick in den Lösungsteil werfen.

L

I:

Versuchen Sie nun, die Argumentation des Apologeten in einer knappen Paraphrase nachzuzeichnen!

L

Z (Zusätzliche Aufgaben für Kollegiaten):

1. Was verstehen Sie unter einem „Apologeten"?

2. In der Einleitung zu Sallusts Bellum Iugurthinum finden sich folgende Aussagen:

   Sed dux atque imperator vitae mortalium animus est . . .
   Quo magis pravitas eorum admiranda est, qui dediti corporis gaudiis per luxum et ignaviam aetatem agunt, ceterum ingenium, quo neque melius neque amplius aliud in natura mortalium est, incultu atque socordia torpescere sinunt, cum praesertim tam multae variaeque sint artes animi, quibus summa claritudo paratur.

   Mit welcher Passage unseres christlichen Texts steht dieser Abschnitt in einem gedanklichen Zusammenhang?
   In welcher Hinsicht unterscheidet sich Sallusts Gedankenführung von der des Apologeten?

3. Auf welchen antiken Autor wird in Form eines Zitats Bezug genommen?

4. Nennen Sie vier wichtige philosophische Werke dieses Autors!

5. Welches philosophische Lehrsystem steht hinter dem Zitat?
   Beachten Sie besonders die Wendungen „*vera lex recta ratio*", „*naturae congruens*", „*diffusa in omnes, constans, sempiterna*"!

6. Vergleichen Sie den Stil des Apologeten mit dem des zitierten Klassikers!

7. Im Gesamtwerk eines griechischen Philosophen nimmt eine „Apologie" eine Sonderstellung ein; was wissen Sie über den Autor, die Intention des Werks und seine Fortwirkung?

L

Lösungen zu 5.3:

V:

1) quam: Relativpronomen im Akkusativ Singular des Femininums, bezogen auf *via*.
quaero, quaesivi, quaesitum, quaerere: suchen, forschen, fragen
ideo = itaque

2) quia leitet einen kausalen Gliedsatz ein, ähnlich wie *quod, quoniam, cum* (causale)

4) quo: hier Adverbiale mit der Bedeutung ,,wohin"; in einem anderen Kontext kann
die Form Ablativ Singular M/N des Relativ-, Interrogativ- oder sogar (z. B. nach
si, nisi, ne) des Indefinitpronomens sein. In konjunktivischen Sätzen ist auch zu
prüfen, ob *quo* einem finalen *ut eo* (damit dadurch, damit dorthin, damit desto)
gleichbedeutend ist.

5/6) eadem ratione = eodem modo

8) lux, lucere, lucidus (illustris, illustrare)

10) quisquis = quicumque
nitor, nixus (nisus) sum: sich stützen, sich anstrengen, auf etwas hinarbeiten;
hier bedeutungsgleich mit *studere*.

14) referre entfaltet sein Bedeutungsspektrum aus der Grundbedeutung ,,zurück-
bringen" zu ,,melden, berichten, vortragen, einen Antrag stellen"; *pedem referre*
bedeutet ,,sich zurückziehen".
An der vorliegenden Stelle haben wir von ,,zurückführen auf/Bezug nehmen auf"
auszugehen.

17) intendĕre: anspannen, achten auf; *oculos intendere:* angespannt blicken

25) suscipere: Kompositum von *capere*

27/28) quidem: beiordnende Konjunktion mit der Bedeutung ,,zwar, freilich"; Verwechslungen mit dem Pronomen *quidam* kommen häufig vor. Man sollte daran
denken, daß *quidam* sein *a* in allen Kasus und Genera behält.

28/29) das **PPP** *diffusus* kommt von *dif-fundere* (zerstreuen)

G:

4) quo ferantur: indirekter Fragesatz, abhängig von *intellegunt.*

7) quae bezieht sich auf *navibus* im vorangehenden Satz; sinngemäß sind freilich die (nicht genannten) *nautae* gemeint.

8) Potentialis: „sofern sie einmal nicht . . . achten sollten"
Wenn Sie die Verbindung *nisi aliquod* beunruhigt, erinnern Sie sich bitte an 5.2, *Zeile 3!*

11/12) apertius: Komparativ des Adverbs zu *apertus, -a, -um* (offen)

12) deum: ebenso wie *hominem* von *sequi* abhängig

17) Potentialis wie Z. 8

19/20) Indikativ Futur wie *reget* und *gubernabit* – lassen Sie sich nicht durch *observes* in die falsche Richtung führen! Sollten Sie jetzt noch stutzen, sehen Sie bitte in Ihrer Grammatik nach, wie in den vier Konjugationen des Lateinischen die Konjunktiv- und die Futurformen gebildet werden!

25) prädikatives Gerundiv zum Ausdruck einer Notwendigkeit: „das Gesetz ist anzunehmen", „man muß das Gesetz annehmen"

26) konjunktivischer Relativsatz mit finalem Sinn: „damit es uns . . . leitet" – oder, etwas kirchenväterlicher formuliert: „auf daß es uns leite"

28) Dativ, abhängig von *congruens*: „mit der Natur übereinstimmend"

29) wieder ist – wie in Z. 25 – finaler Sinn anzunehmen: „die uns . . . rufen soll"

30) Ablativ des Gerundiums (des deklinierten Infinitivs): „durch Auffordern", „dadurch, daß sie auffordert"

S:

11ff) diese Periode kennzeichnen strenge Antithetik (jeweils zwei Gegensätze werden miteinander durch *non . . . sed* verbunden) und der anaphorische Gebrauch (Anapher: ↗ 5.1 S. 30) von *non . . . sed.*

18/19) bemerkenswert ist die weite Sperrung (Hyperbaton) *eum habeas vitae . . . ducem* und die bildliche Ausdrucksweise (Metapher), in der das Leben mit einem Schiff verglichen wird.

Die ganz wörtliche Übersetzung der Passage, bei der man sowohl *vitae* wie *navigii* direkt von *ducem* abhängig macht, wird unbeholfen; formen wir daher gleich ein im Deutschen gebräuchliches Bild, wodurch auch *quasi* entbehrlich wird: „wenn du von ihm dein Lebensschiffchen leiten läßt". Eine vergleichbare Metapher findet sich z. B. in einer Arie aus Lortzings Wildschütz: „Auf des Lebens raschen Wogen fliegt mein Schifflein leicht dahin . . ."

22–24) wir registrieren eine Anapher (*sic . . . sic*), ein wenig Parallelismus zu Beginn der Passage, ein Hyperbaton (*ad summum . . . portum*) und eine Metapher (*portus sapientiae*), die das Bild *vita = navigium* fortsetzt.

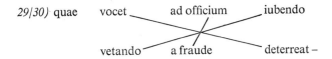

29/30) quae   vocet   ad officium   iubendo

vetando   a fraude   deterreat –

das ist ein besonders kunstreicher Chiasmus („Überkreuzstellung", benannt nach dem griechischen Buchstaben X mit dem Lautwert ch).

Ü:

Fehleranalyse

17/18) (si) solem, qua oritur, observes: „wenn du die aufgehende Sonne beobachtest"
Zunächst wurde (was nicht selten vorkommt) eine Angabe nicht beachtet (*qua =* wo) und infolgedessen *qua* als Relativum im Nominativ aufgefaßt. Dessen Femininform würde jedoch *quae* lauten (im Gegensatz zum Indefinitpronomen *(ali)qui, (ali)qua, (ali)quod*). Zudem ist *sol* ein Maskulinum, worauf den, der es vergessen hat, die Form *eum* in *Z. 18* hinweisen könnte.
Schließlich hätte der Versuch unternommen werden können, den Konjunktiv des Potentialis auszudrücken: „falls man drauf achten wollte, wo die Sonne aufgeht"; das kann man sich jedoch an dieser Stelle ersparen. Wichtiger für eine gute Formulierung ist es, die Sonne zum Subjekt des indirekten Fragesatzes zu machen, aus dem sie im Lateinischen herausgenommen und (als Objekt zu *observes*) „vorgezogen" wurde. Diese Erscheinung bezeichnet man als **Antizipation** oder **Prolepsis**. Wenn Sie noch nie davon gehört haben, schlagen Sie bitte mit Hilfe des Index in Ihrer Grammatik nach, wo Sie weitere Beispiele finden!

20/21) illud caeleste lumen, quod sanis mentibus multo clarior sol est:
,,jenes Himmelslicht, weil es bei gesundem Verstand viel heller als die Sonne ist . . ."
Ein Kausalsatz paßt hier nicht in den Sinnzusammenhang; *quod* ist neutrales
Relativum, bezogen auf das Neutrum *lumen*; *clarior* dagegen kann unmöglich von
lumen abhängen (in diesem Falle müßte die Form *clarius* lauten); dieser Komparativ gehört zu *sol*, einer Form, die im Nominativ und nicht, wie irrtümlich angenommen wurde, im Ablativus comparationis *(sole!)* steht.
sanis mentibus kann prinzipiell als Ablativus modi oder sogar als modaler Abl. m.
Part. (dem ein Partizip von *esse* fehlt) aufgefaßt werden, nur fügt sich weder eine
modale Bestimmung noch der vorliegende Plural in den Satz sinnvoll ein. Denken
wir daran, daß *sanis mentibus* auch Dativ sein kann: ,,für gesunde Geister", ,,für
Leute mit klarem Verstand". Wir übersetzen also:
,,jenes Himmelslicht, das für Leute mit klarem Verstand eine viel hellere Sonne ist"

25) suscipienda igitur dei lex est: ,,Gott muß also das Gesetz annehmen". Vorsicht!
Die Person, die etwas tun muß, steht innerhalb von Gerundivkonstruktionen im
Dativus auctoris – *dei≠deo*, und außerdem kommt etwas Sinnloses heraus. Ein
Nominativ Plural *(dei* – die Götter) fügt sich auch nicht in den Zusammenhang,
also geht's nur mit Genitiv Singular: ,,man muß das Gesetz Gottes annehmen".

Übersetzung:

Das ist der Weg, den die Philosophen suchen, jedoch deshalb nicht finden, weil
sie vornehmlich (eher) auf der Erde nach ihm forschen, wo er nicht sichtbar werden
kann.
Sie irren also umher wie auf weitem (großem) Meer und erkennen nicht, wohin sie
abgetrieben (getragen) werden, weil sie weder einen Weg sehen noch irgendeinem
Führer folgen. Man muß nämlich auf die gleiche Weise diesen Lebensweg suchen,
wie Schiffe auf hoher See ihren Kurs bestimmen (auf die der Weg für Schiffe auf hoher
See gesucht wird), die, falls sie nicht auf irgendein Licht am Himmel (des Himmels),
und sei es auch das kleinste *(nisi ali-!)*, achten, auf ungewissen Bahnen umhertreiben.
Jeder aber, der sich bemüht, den rechten Lebenskurs zu halten, darf den Blick nicht
zur Erde richten, sondern zum Himmel, darf nicht, um es noch deutlicher zu sagen,
einem Menschen folgen, sondern Gott, darf nicht diesen von Menschenhand verfer-
tigten (irdischen) Götzenbildern dienen, sondern Gott im Himmel (dem himmlischen
Gott), darf sich nicht in allem vom Körper leiten lassen, sondern vom Geist (darf
nicht alles auf den Körper beziehen, sondern auf den Verstand), darf seine Mühe nicht
auf dieses (irdische) Leben verwenden, sondern auf das ewige.

Wenn man daher stets den Blick zum Himmel richtet (richten könnte) und darauf achtet, wo die Sonne aufgeht, und von ihr das Lebensschifflein leiten läßt, dann finden die Füße von selbst auf den rechten Weg (werden die Füße freiwillig auf den Weg geleitet werden), und jenes himmlische Licht, das für Menschen mit klarem Verstand eine viel strahlendere Sonne ist als die, welche wir mit unseren irdischen Sinnen sehen, wird uns so lenken und leiten, daß sie zum herrlichsten (höchsten) Hafen der Weisheit und Tugend[1] ohne jeden Irrweg hinführt.

Man muß also Gottes Gesetz annehmen, das uns auf diese Bahn weist (damit es uns weist), jenes heilige, jenes himmlische Gesetz, das Marcus Tullius mit fast göttlichen Worten (mit fast göttlicher Stimme) beschrieben hat: ,,Das wahre Gesetz freilich ist die rechte Vernunft, die mit der Natur übereinstimmt, auf alle verteilt ist, die beständig und ewig ist, die durch ihr Geheiß zur Pflichterfüllung rufen und durch ihr Verbot vom Betrug abhalten soll und die doch weder die Guten vergeblich mahnt oder abhält (ihnen etwas verbietet) noch die Ruchlosen durch Geheiß und Verbot beeinflußt.''

---

[1] in diesem Kontext ist die Bedeutung ,,Tugend'' tatsächlich zu verkraften!

I:

Die Paraphrase eines Texts, die für Kernstellen, welche dem Kollegiaten bekannt sein sollten, auch im Rahmen der zusätzlichen Aufgaben gefordert werden kann, zeigt deutlicher als die Übersetzung, ob man die Gedankenführung des antiken Autors erfaßt hat. Gerade philosophische Texte werden von Schülern nicht selten mechanisch und scheinbar ,,wörtlich'' herunterübersetzt, ohne daß zu ihrem Sinngehalt vorgestoßen wird.

Der Autor unserer Stelle geht davon aus, daß die (heidnischen) Philosophen zwar durchaus nach dem rechten Lebensweg suchten, ihn aber nicht fänden, da sie auf der Erde nach ihm forschten, wo sie nie auf ihn stoßen könnten. Ihnen wird damit unterstellt, daß sie auf metaphysische Fragestellungen stets verzichtet hätten, während doch nur im Metaphysisch-Religiösen die wahre Erkenntnis zu finden sei. Dementsprechend werden sie mit Leuten verglichen, die ohne Führer und sicheren Kurs auf dem Meer treiben und das in dieser Lage einzig Richtige unterlassen, nämlich zum Himmel zu blicken und sich an den Gestirnen zu orientieren. Diese expressis verbis nicht gebrachte weitere Unterstellung ergibt sich aus der früheren Aussage *in terra potius* wie auch aus dem folgenden *non terram debet aspicere*.

Mit Hilfe der Metapher vom Blick zum Himmel begründet unser Apologet nun seine Forderung, Gott zum Lenker unseres Lebens zu machen, wobei er kurz den Primat des Geistigen vor dem Körperlichen berührt.

In einem weiteren Bild wird Gott mit einer Sonne verglichen, die, heller als jene, welche wir mit unseren sterblichen Augen sehen, uns in den Hafen der Seligkeit geleiten kann.

Daraus wird die Forderung nach Unterwerfung unter das göttliche Gesetz abgeleitet, das – die Wendung *sanis mentibus* ließ es anklingen – jeder, der nicht verblendet ist, in sich spüren muß. Ein Cicero-Zitat, das freilich auf die stoische Weltvernunft Bezug nimmt, dient zur Absicherung dieses Gedankens.

Z:

1. „Apologet" (griech. Fremdwort) bedeutet „Verteidiger"; speziell bezeichnet das Wort jene frühchristlichen Autoren, die ihre Lehre gegenüber Anfeindungen in Schutz nahmen und, zum Teil unter Einbeziehung von Aussagen antiker Philosophen, auch offensiv die Überlegenheit des Christentums über das „Heidentum" zu erweisen suchten.

2. Die seit Platon und Aristoteles immer wieder hervorgehobene Überlegenheit des Geistes über den Körper klingt in unserem Text in der Stelle an: „*non ad corpus referre omnia, sed ad mentem*", allerdings nur zu dem Zweck, um den Blick von der Physis ins Metaphysische zu lenken.

   Die „Selbstherrlichkeit" des Geistes, die bei Sallust in Wendungen wie „*dux atque imperator*", „*quo neque melius neque amplius in natura mortalium est*" und „*tam multae variaeque artes animi, quibus summa claritudo paratur*" gepriesen wird, unterscheidet sich deutlich von der christlichen Auffassung, der Mensch müsse sich dem göttlichen Gesetz unterwerfen; „*summa claritudo*" als hoher Ruhm bei den Menschen könnte demnach nie Ziel eines Christen sein, für den nur der „Ruhm vor Gott" zählt.

3. Mit Marcus Tullius ist Cicero gemeint (106–43 v. Chr.).

4. Unter seinen philosophischen Schriften nehmen eine hervorragende Stellung ein: *De re publica, Tusculanae disputationes* und *De officiis ad Marcum filium.* Weiter sind zu nennen: *De natura deorum, Laelius de amicitia* und *Cato maior de senectute* sowie *De finibus bonorum et malorum.*

5. Cicero orientierte sich an stoischen Vorstellungen von einem Weltgeist, einer Weltvernunft, die alles durchdringt *(diffusa in omnes)*, unveränderlich und unzerstörbar und damit göttlich ist. Wenn der Mensch erkennt, daß sein Geist Teil dieses göttlichen Weltgeistes ist, der überall in der Natur sinnvoll wirkt, dann sieht er auch ein, daß der richtige Lebensweg dann gefunden ist, wenn man in Übereinstimmung mit der Natur lebt (griech.: homologoumenōs tē physei zēn); unsere *ratio* wohnt somit nach stoischer Auffassung das Weltgesetz bereits inne.

6. Beim Vergleich des freilich sehr kurzen Zitats mit dem Text, in den es eingebettet ist, fallen keine Stilunterschiede auf, wohl aber die Verwendung gleicher Stilmittel, z.B. der Anapher, des Hyperbaton und der Antithese. Dies ist nicht verwunderlich, denn der Einfluß Ciceros auf den Stil der bedeutenden christlichen Apologeten war beträchtlich, Lactantius wurde geradezu als „Cicero Christianus" bezeichnet.

7. Der griechische Philosoph PLATON (um 428–347 v. Chr.) schrieb eine „Apologie" seines Lehrers Sokrates, die sich freilich erheblich von der kunstlosen Rede unterscheidet, die Sokrates tatsächlich vor Gericht hielt. Platon suchte in diesem Werk die Humanität und tiefe Gläubigkeit, den Gerechtigkeitssinn und die Bescheidenheit des von vielen mißverstandenen Sokrates hervortreten zu lassen und Einblicke in dessen Denken zu geben. Da Sokrates selbst nichts Schriftliches hinterließ, waren spätere Bemühungen, ein Bild von seiner Persönlichkeit zu gewinnen, nur auf dem Weg über die Werke seiner Schüler, vor allem Xenophons und Platons, sinnvoll. Insbesondere die Darstellung der Haltung des Sokrates einem objektiv ungerechten Urteil gegenüber fußt weitgehend auf der Apologie.

Auch in zahlreichen Dialogen (z.B. Protagoras, Symposion, Phaidros) ließ Platon seinen Lehrer als Gesprächsteilnehmer auftreten und Teile jenes Lehrsystems vortragen, das erst der Schüler entwickelte: Platon lehrte, daß die „Ideen" die Urbilder allen Seins darstellten und daß die wahrnehmbare Welt deren Abbild sei. Das reine Denken, das die Ideen erkennt, sei eine Wiedererinnerung *(anámnesis)* der Seele an das, was sie vor ihrer Verbindung mit dem Körper sehen durfte.

Entsprechend der von Platon angenommenen Dreiteilung der Seele in einen begehrenden, mutartigen und vernünftigen Teil entwarf er eine Gesellschaftsordnung mit drei Ständen: Nährstand, Kriegerkaste und Philosophen als Herrscher. Der Versuch, seinen Idealstaat in Syrakus in die Wirklichkeit umzusetzen, scheiterte.

In der von Platon im Hain des Akademos zu Athen 387 gegründeten Akademie wurde sein Lehrsystem weiter gepflegt, auch als sein großer Schüler Aristoteles mit dem Peripatos bereits ein eigenes ihm an die Seite gestellt hatte.

5.4 Die Vorsehung

Cum sententiae philosophorum prioris temporis
de providentia consensissent nec ulla esset dubita-
3 tio, quin mundus a deo et ratione esset instructus
et ratione regeretur, primus omnium Protagoras
exstitit temporibus Socratis, qui sibi diceret non
6 liquere, utrum esset aliqua divinitas necne. Quae
disputatio eius adeo inpia et contra veritatem et
religionem iudicata est, ut et ipsum Athenienses
9 expulerint suis finibus et libros eius in contione
usserint. De cuius sententia non est opus disputare,
quia nihil certi pronuntiavit.

12 Postea vero Epicurus deum quidem esse dixit,
quia necesse sit esse aliquid in mundo praestans
et eximium et beatum, providentiam tamen nul-
15 lam: itaque mundum ipsum nec ratione ulla nec
arte nec fabrica instructum, sed naturam rerum
quibusdam minutis seminibus et insecabilibus
18 conglobatam. Quo quid repugnantius dici possit,
non video. Etenim si est deus, utique providens
est ut deus nec aliter ei potest divinitas tribui, nisi
21 et praeterita teneat et praesentia sciat et futura
prospiciat. Cum igitur providentiam sustulit,
etiam deum negavit esse. Cum autem deum esse
24 professus est, et providentiam simul esse conces-
sit: alterum enim sine altero nec esse prorsus nec
intellegi potest.

27 Verum iis postea temporibus, quibus iam philo-
sophia defloruerat, exstitit Diagoras, qui nullum
esse omnino deum diceret, ob eamque sententiam
30 nominatus est atheus, item Theodorus, et ambo,
quia nihil novi poterant reperire omnibus iam
dictis et inventis, maluerunt contra veritatem id
33 negare, in quo priores universi consenserant. Hi
sunt, qui tot saeculis, tot ingeniis defensam providentiam calumniati sunt.

6) **liquere:** flüssig, klar, deutlich sein
16) **fabrica, -ae** (hier): Geschicklichkeit
17) **insecabilis, -e:** unteilbar
18) **conglobare:** zusammenballen
25) **prorsus** (hier): überhaupt
30) **atheus, -a, -um:** gottlos
35) **calumniari:** verleumden

Zum Text: 226 lat. Wörter, Abitur 1975 an Gymnasien mit Latein als 2. Fremdsprache, aus Lactantius, De ira dei 8 ff.

V:

3) quin: Bedeutung der Konjunktion?

5) exstitit: unter welcher Grundform schlagen Sie nach?

6) utrum: Wortart? Bedeutung?

7) disputatio: welche Bedeutung verlangt der Kontext?

9) contio: von welchem Verbum ableitbar?

10) usserint: Grundform?

13) necesse: Etymologie?

14) eximius: auf welchen Verbstamm läßt sich das Adjektiv zurückführen?

17) minutus: Bedeutung des PPP an dieser Stelle?

19) utique: Wortart?

22) sustulit: Präsens dazu?

24) professus est: Grundform?

30) ambo: benennen Sie ein mit diesem Stamm gebildetes Fremdwort!

34) defensam: Grundform?

L

G:

1) cum: Sinnrichtung?
   prioris temporis: Kasus, Beziehung?

2) nec ulla: angemessene deutsche Wiedergabe?

5) qui: Beziehung?
   diceret: Begründung des Konjunktivs?
   sibi: wozu gehört der Dativ?

9) suis finibus: Kasus, Funktion?

11) certi: Kasus, Beziehung?

13) sit: warum Konjunktiv?

15–18) welche Konstruktion liegt vor?

18) quo: Kasus, Funktion, Abhängigkeit?
   repugnantius: Wortart?

20) nisi: worauf bezogen?

21) teneat/sciat/prospiciat: warum Konjunktiv?

22/23) cum: Sinnrichtung?

31/32) omnibus iam dictis et inventis: welche syntaktische Erscheinung?

34) tot saeculis, tot ingeniis: Kasus, Funktionen?

L

S:

Bitte lösen Sie aus dem Text jeweils ein Beispiel für stilistische Erscheinungen heraus, die Ihnen bereits vorgestellt wurden:

Anapher – Parallelismus – Hyperbaton – Chiasmus – Antithese

Ü:

Wenn Sie die Gedankenführung des Texts noch nicht ganz durchschauen, sollten Sie sich mit der folgenden Aufgabengruppe – und den beigegebenen Lösungen – befassen. Sie können dann überprüfen, inwieweit vorhandene philosophiegeschichtliche Kenntnisse das Verständnis erleichtern.

L

Z (Zusätzliche Aufgaben für Kollegiaten):

1. Überprüfen Sie die Richtigkeit der Aussage des Lactantius, vor Protagoras habe bei den Philosophen hinsichtlich der Vorsehung Übereinstimmung geherrscht!
2. Welcher geistesgeschichtlichen Epoche gehört Protagoras an? Welche Denkhaltung wird in dem von Lactantius zitierten Satz des Protagoras erkennbar?
3. Geben Sie eine kurze Charakteristik des Sokrates!
4. Welche hauptsächlichen Denkansätze kennzeichnen die Lehre Epikurs?
5. Ist die Argumentation des Lactantius Epikur gegenüber schlüssig? Zeigen Sie, falls Sie die Frage verneinen, die schwachen Stellen auf!

L

V:

3) quin (aus **qui non* – wie nicht): in der Bedeutung „daß" hauptsächlich nach verneinten Ausdrücken des Zweifelns

5) exsisto, exstiti, exsistere: auftreten

6) utrum: hier Fragepartikel, die mit *necne* korrespondiert; in abhängigen Fragen ist *utrum* mit „ob" zu übersetzen, in unabhängigen bleibt es unübersetzt.

7) disputatio bezeichnet zunächst die gelehrte Erörterung oder den Vortrag eines Philosophen (mit anschließender Diskussion); hier bezeichnet es eine Lehrmeinung, Lehre, These.

9) contio (aus **con-ventio*): zu *convenire* (zusammenkommen).

10) uro, ussi, ustum, urere: verbrennen

13) ne-cesse: wie *necessarius/necessitas/necessitudo* mit *cedere* verwandt und bedeutet dementsprechend „un-ausweichlich".

14) ex-imius geht auf das *emere*-Kompositum *ex-imere* (ausnehmen) zurück, hat also die Grundbedeutung „ausnehmend" bzw. „ausgenommen"

17) das PPP zu *minuere* (vermindern, verringern) ist hier bedeutungsgleich mit *parvus/ minimus* (klein/winzig).

19) utique: Adverb mit der Bedeutung „auf jeden Fall, freilich, unbedingt".

22) die entsprechende Präsensform ist *tollit* (zu *tollere* – beseitigen)

24) profiteor, profiteri: bekennen, gestehen

30) (z.B.) ambivalent

34) defendo, defendi, defensum, defendere: verteidigen

G:

1) es handelt sich um das (seltene) adversative *cum* mit der Bedeutung „während", das im Gegensatz zum temporalen *dum* der Hauptsatzaussage konträre Sachverhalte einführt.

prioris temporis: Genitiv (zu *philosophi*)

2) „und kein"; ↗ **5.1 G**, Satzanalyse *15–24*

5) qui: dem Sinn nach auf Protagoras bezogen

diceret: konsekutiver Sinn („ein Mensch von der Art, daß er . . .‟); *sibi* gehört zu *liquere* („daß ihm nicht klar sei")

9) Ablativ der Trennung („aus ihrem Gebiet")

11) Genitivus partitivus, abhängig von *nihil* („nichts Genaues")

13) Konjunktiv der inneren Abhängigkeit, der Gliedsatz erscheint als Wiedergabe einer angeblichen Ansicht des Epikur.

15–18) oratio obliqua; angebliche Aussagen des Epikur im AcI; zweimal ist *esse* zu ergänzen.

18) repugnantius: Neutrum des Komparativs zu *re-pugnans* (widerstreitend, widersprüchlich); von ihm ist – in Gestalt eines relativen Satzanschlusses – der Ablativus comparationis *quo* abhängig, womit auf die vorgetragene Lehrmeinung des Epikur Bezug genommen wird:

„Ich kann mir nicht vorstellen (sehe nicht), was in Vergleich zu dieser Ansicht Widersprüchlicheres gesagt werden kann"

– oder, positiv formuliert:

„Das ist die widersinnigste Aussage, die ich mir vorstellen kann".

Sicher entsinnen Sie sich eines Beispielsatzes aus Ihrer Grammatik, der folgendermaßen begann:

Horatius, quo praestantiorem poetam Roma non tulit, . . .

und dessen Optimalübersetzung so lauten sollte:

Horaz, der hervorragendste Dichter, den Rom hervorgebracht hat, . . .

Hier finden wir die gleiche Ausdrucksweise wie in unserem Laktanz-Text: Komparativ mit Ablativ des Vergleichs und verneinte Aussage, wofür im Deutschen Superlativ und bejahte Aussage eintritt.

Im Bedarfsfall sollten Sie auf die Wiederholung des Abl. comparationis noch ein paar Minuten verwenden – Sie haben Ihre Grammatik doch griffbereit und kommen mit dem Index zurecht?

20) nisi: zu *nec aliter*; diese Verbindung läßt sich auf ein schlichtes „nur" reduzieren; ↗ **5.2** *Z. 9*

21) Potentialis – wie schon öfter!

22/23) dieses *cum* mit Indikativ leitet einen Modalsatz ein; man nennt es *cum* explicativum oder coincidens und übersetzt es mit „indem; dadurch, daß".

31/32) endlich einmal ein Abl. m. Part. (Abl. abs.) mit kausalem Sinn: „da alles schon gesagt und erfunden war"

34) tot saeculis: temporaler Ablativ: „während so vieler Jahrhunderte"; bei *tot ingeniis* fällt die Annahme eines Ablativs nicht so leicht, da sinngemäß von Personen die Rede ist; man kann somit auch einen Dativus auctoris in Erwägung ziehen: „von so vielen gescheiten Leuten".

S:

Anapher: **tot** saeculis, **tot** ingeniis; **ratione** esset instructus et **ratione** regeretur

Parallelismus: nisi et praeterita teneat et praesentia sciat et futura prospiciat

Hyperbaton: esse **aliquid** in mundo **praestans** . . .

Chiasmus: Cum igitur providentiam sustulit, etiam deum negavit esse.

Cum autem deum esse professus est, et providentiam . . .

Antithese: mundum ipsum nec ratione ulla nec arte nec fabrica instructum, sed naturam rerum quibusdam minutis seminibus et insecabilibus conglobatam . . .

In Antithese stehen *mundus* (= griech. kósmos) und *rerum natura* (= griech. phýsis), die dreigliedrige Folge von Begriffen, die die vernünftige Ordnung des Kosmos hervorhebt und die schon durch Wortwahl und Klang wirres Gemengsel signalisierende Bezeichnung der Atome sowie *instructum* (auch dieses Wort drückt Planung und Ordnung aus) und *conglobatam* („zusammengeballt" – zu „scheußlichen Klumpen", wie Schiller sagt).

Übrigens: falls Sie andere Beispiele gefunden haben, brauchen diese nicht falsch zu sein; wir haben jeweils die markantesten herausgegriffen.

Ü:

Während die Ansichten von Philosophen früherer Zeit hinsichtlich der Vorsehung übereinstimmten und kein Zweifel bestand, daß der Kosmos von Gott sowohl vernünftig eingerichtet sei und auch vernünftig regiert werde, trat als allererster in den Zeiten des Sokrates Protagoras auf, der erklärte, ihm sei es nicht klar, ob es irgendeine Gottheit gebe oder nicht.

Diese seine Lehre wurde als so gottlos, als so wahrheitswidrig und bar jedes religiösen Gefühls betrachtet, daß die Athener ihn selbst (den, der sie vertrat) aus ihrem Gebiet vertrieben und seine Bücher auf dem Versammlungsplatz („auf offenem Markt") verbrannten.

Es lohnt sich nicht, über seine Meinung zu diskutieren, weil er nichts Gewisses verkündete.

Später freilich erklärte Epikur, es gebe zwar einen Gott, weil es in der Welt notwendigerweise etwas Hervorragendes, Außergewöhnliches und Glückliches geben müsse, aber keine Vorsehung. Deshalb sei die Welt an sich weder durch irgendeine Vernunft noch nach einem System noch mit Geschicklichkeit geordnet, sondern das Seiende habe sich aus bestimmten winzigen und unteilbaren Elementen („Samen") zusammengeballt. Meines Erachtens gibt es keine widersprüchlichere Aussage als diese. Denn wenn es einen Gott gibt, dann ist er selbstverständlich vorausschauend wie ein Gott – göttliches Wesen kann ihm ja nur dann zugestanden werden, wenn er das Vergangene überblickt (behält), das Gegenwärtige weiß und das Künftige voraussieht. Indem (Epikur) die Vorsehung abschaffte, bestritt er auch die Existenz Gottes. Indem er aber erklärte, es gebe einen Gott, gab er auch zugleich zu, daß es eine Vorsehung gebe. Das eine ist nämlich ohne das andere überhaupt nicht möglich und auch nicht denkbar.

Doch späterhin in den Zeiten, in denen bereits die Philosophie verblüht war, trat Diagoras auf, der die Existenz Gottes überhaupt leugnete und wegen dieser Lehre gottlos genannt wurde, und desgleichen Theodorus, und weil diese beiden nichts Neues herausfinden konnten, da alles schon gesagt und entdeckt war, zogen sie es vor, wahrheitswidrig das abzustreiten, worin ihre Vorgänger (die Früheren) sämtlich sich einig gewesen waren (übereingestimmt hatten).

Das sind die Leute, welche die in so vielen Jahrhunderten und von so vielen gescheiten Köpfen verteidigte Vorsehung verleumdet haben!

Z:

1. Die Aussage des LACTANTIUS ist zumindest in ihrer Verallgemeinerung falsch: gerade die ältesten griechischen Philosophen befaßten sich hauptsächlich mit der sichtbaren Natur, wobei sie, wie Thales, Anaximines und Anaximander, die Frage nach dem „Urstoff" zu beantworten suchten. Wer die seienden Dinge auf Wasser, Luft, ein *ápeiron* oder, wie Empedokles, auf Elemente zurückführt, in dessen System ist wenig Platz für eine „Vorsehung".

Freilich spielen in der Weltschau des Wundermannes Empedokles die göttlichen Kräfte eine wichtige Rolle, jedoch nicht die der vorausplanenden Gestalter der Welt. Wenn man die Theorie des Empedokles, die lebenden Wesen seien aus einzelnen, der Erde entwachsenen Gliedmaßen entstanden und die jeweils geeignetsten Organverbindungen hätten überlebt, schlagwortartig charakterisieren will, dann wird man wohl von frühem Darwinismus sprechen! Immerhin hat Lactantius insoweit recht, als tatsächlich die Existenz von Göttern nur sehr selten (z. B. durch den Sophisten Kritias, der sie als Erfindungen von Menschen bezeichnete) direkt bestritten wurde. Das erlaubt jedoch noch nicht den Schluß, daß jeder, der an Göttliches glaube, unbedingt mit ihm auch die Vorstellung verbinde, es verfüge über „providentia".

2. PROTAGORAS (um 486–415 v. Chr.) spielte unter den Sophisten eine herausragende Rolle, d. h. in jener Entwicklungsepoche der abendländischen Philosophie, die ihre Aufmerksamkeit dem Menschen und seiner Erziehung zuwandte. In Mißkredit gerieten die Sophisten dadurch, daß sie für ihre Lehrtätigkeit hohe Honorare nahmen, darauf stolz waren, durch ihre Eloquenz „die schwächere Sache zur stärkeren machen" zu können, und dieses Können gern vor Gericht oder in Prunkreden (z. B. „Lob der Helena" des Gorgias von Leontinoi) unter Beweis stellten. Auch ihre kritische Haltung dem Überlieferten gegenüber machte sie verdächtig, dazu das marktschreierische Auftreten, mit dem manche dieser Wanderredner auf sich aufmerksam machten.

Wenn Protagoras den Menschen als Maß aller Dinge ansieht, der seienden, daß sie sind, der nichtseienden, daß sie nicht sind, und erklärt, über die Götter könne er keine Aussage machen, dann ist er keineswegs Atheist, sondern Relativist und Skeptiker: alles Erkennen, dessen der Mensch fähig ist, ist bezogen auf die Möglichkeiten seiner Sinne, und für das sichere Erkennen des Göttlichen fehlt ihm nach Meinung des Protagoras der Sensus.

3. SOKRATES (469–399 v. Chr.) war der profilierteste Gegner der Sophisten; er versuchte durch geschickt gestellte Fragen ihr Scheinwissen zu entlarven und wandte diese seine sokratische Methode im Dialog mit seinen Schülern dazu an, allgemeinverbindliche sittliche Normen zu ermitteln.

Indem der bohrende Frager sich selbst unwissend stellte („ich weiß, daß ich nichts weiß") und scheinbar Belehrung suchte, machte er sich viele Feinde und galt als einer der Sophisten. Als solcher wurde er in den „Wolken", einer Komödie des Aristophanes, verspottet. Wegen Gottlosigkeit und Verderbens der Jugend vor Gericht gestellt, trug er durch sein Verhalten dazu bei, daß er – mit einer Stimme Mehrheit – zum Tod verurteilt wurde. Angebote von Freunden, ihm zur Flucht aus dem Gefängnis zu verhelfen, schlug er aus, indem er darauf hinwies, daß auch eine ungerechte Maßnahme des Staats hingenommen werden müsse, wenn das Gesetz hinter ihr stehe.

Die Dialoge seines Schülers Platon zeigen ihn sowohl in der Auseinandersetzung mit seinen Gegnern wie im Lehrgespräch mit Schülern und Freunden.

4. EPIKUR (341–270 v. Chr.) gründete 306 in Athen seine Schule, den ,,*kepos*'' (Garten). Aufbauend auf der Atomistik des Leukipp und Demokrit lehrte er die zufällige Entstehung der Welt durch Wirbel, welche die zunächst frei fallenden Atome sich vereinigen lassen. Die Götter galten ihm ebenfalls als – besonders feste, unzerstörbare – Atomverbindungen; er siedelte sie in den Räumen zwischen den Welten an, wo sie das Glück ihrer Unsterblichkeit genießen und weder im Guten noch im Bösen ins Weltgeschehen eingreifen. Götterfurcht ist daher grundlos, und auch die Furcht vor dem Tod ist nach Epikur töricht, stelle er doch nur die Auflösung einer Atomverbindung dar und gehe uns im Grunde nichts an, da er solange für uns nicht existent sei, solange wir selbst existieren.

Als höchstes Ziel aller Lebewesen erklärte Epikur den Gewinn von Lust und das Vermeiden von Unlust; es gelang ihm, auf diesem ,,hedonistischen'' Fundament eine Ethik zu errichten, die ohne höhere Normen ein zurückgezogenes, stilles Leben und ruhige Freundschaft mit wenigen Gleichgesinnten empfahl, jedoch auch Mißverständnissen ausgesetzt war: Mancher hemmungslose Genießer glaubte sich später in der Nachfolge Epikurs.

5. Die Schwäche der Argumentation des Lactantius liegt darin, daß er seine eigene Definition des Göttlichen, in der die Vorsehung unverzichtbar ist, verabsolutiert und, die Aussagen des Epikur an ihr messend, diese als widersinnig hinstellt.

Er zeigt sich damit als versierter Dialektiker, der, auch wenn er es selbst nur ungern zugegeben hätte, der sophistischen Argumentationstechnik viel verdankt.

Dazu gehört auch das entschiedene (,,apodiktische'') Äußern keineswegs unanfechtbarer Thesen (,,*nec esse prorsus nec intellegi potest*'') und die unzulässige Inanspruchnahme einer nie vorhandenen *communis opinio* (,,*sententiae philosophorum prioris temporis consenserunt nec ulla dubitatio erat*'', ,,*priores universi consenserunt*'').

5.5 MENS SANA IN CORPORE SANO

In seinem 15. Brief an Lucilius setzt sich Seneca mit Auswüchsen des „bodybuilding" auseinander und gibt einige Ratschläge für vernünftiges Training des Körpers.

Mos antiquis fuit usque ad meam servatus aetatem primis epistulae verbis adicere: „Si vales,
3 bene est; ego valeo."
Recte nos dicimus: „Si philosopharis, bene est!"
Valere enim hoc demum est. Sine hoc aeger est
6 animus. Corpus quoque, etiamsi magnas habet vires, non aliter quam furiosi validum est.
Ergo hanc praecipue valetudinem cura, deinde et
9 illam secundam, quae non magno tibi constabit.
Stulta est enim et minime conveniens litterato viro occupatio exercendi lacertos et dilatandi cer-
12 vicem: cum tibi feliciter sagina cessit, nec vires umquam opimi bovis nec pondus aequabis. Multa incommoda sequuntur huic deditos curae: pri-
15 mum exercitationes, quarum labor spiritum exhaurit et in-habilem studiis acrioribus reddit.
Deinde copia ciborum subtilitas impeditur.
18 Sunt exercitationes et faciles et breves, quae corpus et sine mora lassent et tempori parcant: cursus et cum aliquo pondere manus motae et saltus vel
21 ille, qui corpus in altum levat vel ille, qui in longum mittit.
Quicquid facies, cito redi a corpore ad animum:
24 illum noctibus ac diebus exerce!
Hanc exercitationem non frigus, non aestus impediet, ne senectus quidem . . .

11) **lacertus, -i:** Oberarmmuskel, Bizeps
11) **di-latare:** zu latus, -a, -um
12) **sagina, -ae:** Fütterung, Mast
13) **opimus, -a, -um:** feist
19) **lassare** = fatigare

V:

1) antiquis: wer ist gemeint?

    aetatem: gute Bedeutung an dieser Stelle?

8) cura: Wortart?

9) constare: Bedeutungsspektrum?

10) convenire: Bedeutung an dieser Stelle?

16) acer: bezogen auf *studia* – Sinn?

22) mittere: Bedeutungsspektrum?

23) redi: Wortform?

25) aestus, -us: stammgleiches Substantiv?

L

G:

2) Funktion des Infinitivs im Satz?

7) furiosi: wovon abhängig?

8/9) hanc / illam valetudinem: was ist jeweils gemeint?

9) magno: Kasus und Funktion?

11/12) lacertos / cervicem: wovon abhängig?

13/14) bestimmen Sie bitte genau Satzglieder und Abhängigkeiten in dem Satz
    Multa incommoda sequuntur huic deditos curae!

17) copia: Kasus?

26) impediet: Tempus?

L

Ü

Der Text bietet konstruktiv keine besonderen Schwierigkeiten; die wenigen ,,Problemstellen`` sind in den **V**- und **G**-Fragen vorweggenommen. Versuchen Sie nun eine Arbeitsübersetzung, nach deren Abschluß und Überprüfung Sie noch einige Zusatzfragen erwarten (speziell für Kollegiaten).

Lösungen:

V:

1) gemeint sind die früheren Generationen, die „Alten"

aetas: Zeit, Generation

8) cura: Imperativ zu *curare*

9) constare: feststehen, bestehen, dauern, übereinstimmen, vorhanden sein, beruhen auf, kosten, bekannt sein; an unserer Stelle wird die Bedeutung „kosten" benötigt.

10) „passen, sich gehören"

16) ein kleineres Wörterbuch dürfte Sie hier im Stich lassen, denn die Verbindung *studia acriora* ist etwas ungewöhnlich.
Seneca denkt hier weder an hitziges Studieren (bis der Kopf raucht), noch hält er geistige Tätigkeit für verletzend, hart oder grausam. Er denkt vielmehr daran, daß anspruchsvollere geistige Tätigkeit ein *ingenium acre* voraussetzt, und überträgt das Adjektiv auf die *studia*.

Derartige Übertragungen sind gerade bei Adjektiven im Lateinischen nicht selten:

caecus, -a, -um: blind, kann z. B. auch in Verbindung mit *nox* gebraucht werden; es bedeutet dann „finster" (=blind machend)

Zurück zu *acer*, mit einigen charakteristischen Verbindungen:

voce acerrima: mit schriller Stimme; *frigore acri* (*acuto*): infolge des beißenden (schneidenden, klirrenden) Frosts; *supplicia acria*: brutale (grausame, harte) Strafen; *consilium acre*: ein energischer Entschluß

22) mittere: (weg)werfen, schleudern, senden, loslassen, aufgeben, übergehen – Sie werden feststellen, daß das, was Seneca meint, mit den Wörterbuch-Bedeutungen für *mittere* nicht so recht zu erfassen ist; am besten zieht man mehrere Ausdrücke zu einem deutschen Begriff zusammen!
(Weitsprung, Hochsprung)

23) Imperativform von *red-ire*

25) aestus, -ūs: Glut, Hitze, (kochende) Brandung und *aestas, -atis*: Sommer sind stammverwandt

G:

2) Subjektsinfinitiv (Frage: was war Brauch?)

7) erg. noch einmal *corpus!* In Ihrer Grammatik haben Sie vielleicht einmal den Satz gelesen

corpus dormientis iacet ut mortui (liegt da wie **der** eines Toten);

er zeigt, daß das Lateinische, das ja über keinen Artikel verfügt, auf eine im Deutschen übliche Verdeutlichung verzichten muß.

8/9) hic: bezeichnet immer das Nähere, zuletzt Genannte (,,der letztere"), *ille* das Fernere, früher Erwähnte (,,der erstere"), wobei freilich auch Wertmaßstäbe des Sprechers mit einfließen; Seneca ist die geistige Gesundheit wichtiger als die körperliche, also ist die *valetudo animi* für ihn *haec valetudo!*

9) magno: Ablativ als Wert/Preisangabe (Abl. pretii; in bestimmten Verbindungen, vor allem bei allgemeinen Bezeichnungen der Wertschätzung, erscheint in gleicher Funktion der Genitiv: *te magni aestimo / facio / puto).*

11/12) die beiden Akkusativobjekte gehören zu den Gerundium-Formen, die ihrerseits von *occupatio* abhängig sind, also:

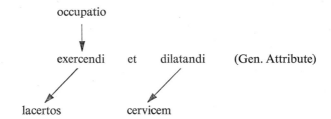

13/14) Subjekt des Satzes ist *multa incommoda*, Prädikat *sequuntur*, also:

Viele Nachteile folgen (resultieren, ergeben sich daraus . . .)

sequi verlangt im Lateinischen den Akkusativ, hat also das Objekt *deditos* bei sich;

deditos als Partizipialform (zu *dedere*, sich hingeben, widmen) hat seinerseits ein Objekt: *huic curae.*

Gelegentlich ist es sinnvoll, derartige Beziehungen graphisch darzustellen, wie es in dem Unterrichtswerk CURSUS LATINUS (↗S. 14, Anm. 1) häufig geschieht.

Gehen wir von der Vorstellung aus, daß ein lateinischer Satz als elementare Bestandteile Subjekt und Prädikat enthält, als ergänzende, vom Prädikat aus bestimmte Satzglieder Objekte und Adverbialia, die, ebenso wie das Subjekt, ggf. durch Attribute erweitert werden können, dann orientieren wir uns an einem Modell folgender Art:

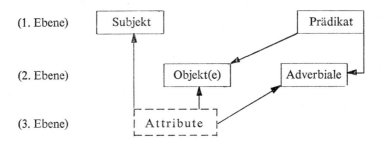

Übertragen wir das Modell auf den in Frage stehenden Satz, so müssen wir aus der Attribut-Ebene eine weitere Objekt-Abhängigkeit herauswachsen lassen:

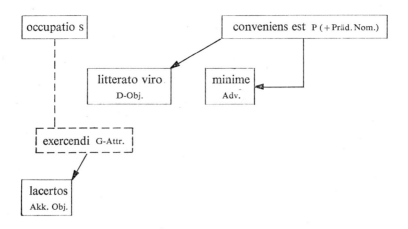

17) copia k ö n n t e der Form nach Nominativ sein, *ciborum* steht eindeutig im Genitiv, *subtilitas* ebenso eindeutig im Nominativ; eine Verbindung zwischen *copia* und *subtilitas* z. B. durch *et*, Zuordnung als Prädikatsnomen, Apposition oder Attribut besteht nicht; folglich ist *copia* als Ablativ bestimmt.

26) Futur; die 3. und 4. Konjugation bilden das Futur mit den Ausgängen *-am*, *-es*, *-et* usw.

Ü:

Die Alten hatten die Gewohnheit (die übrigens bis in meine Generation bewahrt wurde), der Eingangsformel (den ersten Worten) eines Briefs (die Wendung) folgen zu lassen (hinzuzufügen): ,,Wenn es Dir gut geht, ist es recht; mir geht es gut.''
Wir (dagegen) sagen korrekterweise: ,,Wenn Du Dich mit der Philosophie befaßt, ist es gut!'' Erst das nämlich bedeutet gesund sein.
Ohne dies(e Betätigung) ist der Geist krank. Und auch der Leib ist, selbst wenn er über große Kräfte verfügt, in keiner anderen Weise gesund als der eines Verrückten.
Sorge also in erster Linie für diese (wichtigere Art von) Gesundheit, dann auch für jene zweite, die (= deren Erhaltung) Dich nicht viel kosten wird.
Es ist nämlich eine törichte und für einen gebildeten Menschen ganz unpassende (am wenigsten passende) Betätigung, den Bizeps zu trainieren und (den Nacken zu verbreitern) darauf hinzuarbeiten, daß man einen Stiernacken bekommt; wenn Dir die ,,Mast'' glücklich ausgeht (,,gesetzt, Du bist mit Deinen Bemühungen erfolgreich,), dann wirst Du doch nie (den Kräften oder dem Gewicht eines feisten Ochsen gleichkommen) Dich mit einem Mastochsen an Kraft oder Gewicht messen können.

(Wegen der Verlagerung der Verneinung *nec . . . umquam . . . nec* – weder . . . je . . . noch ↗S. 30; *aequare* wird im Lateinischen mit dem Akkusativ verbunden, vgl. *sequi*, eigtl. also ,,. . . die Kräfte erreichen'')

Für Leute, die sich derartiger Sorge widmen, ergeben sich viele Unannehmlichkeiten: (da sind) zunächst die Übungen, deren Plage den Geist erschöpft (besser: da ist zunächst das strapaziöse Training, das . . .) und für anspruchsvolle geistige Tätigkeit unfähig (,,unhandlich'') macht. Sodann beeinträchtigt die Menge der (aufgenommenen) Speisen deren Feinheit (passive Konstruktion: durch die Menge . . . wird beeinträchtigt/behindert).
Es gibt sowohl leichte wie (kurze) in kurzer Zeit durchzuführende Übungen, die den Leib unverzüglich müde machen und Zeit sparen: Laufen (zum Beispiel), Hantelschwingen (,,mit irgendeinem Gewicht bewegte Hände''), Weit- oder Hochsprung (,,und entweder jener Sprung, der den Körper in die Höhe hebt, oder jener, der ihn in die Weite sendet'').
Was immer Du tust, wende Dich nach der körperlichen Betätigung rasch wieder der geistigen zu (kehre vom Körper zum Geist zurück); (den Geist) trainiere Tag und Nacht!
Diese Übung wird weder Kälte noch Hitze (nicht . . ., nicht . . .) behindern, (ja) nicht einmal das Alter . . .

Z

(Zusätzliche Fragen, entsprechend den für die Kollegstufe entwickelten Modellen, ausgerichtet auf unterschiedliche Lernziele:

1. Einblick in die Wortbildung

2. Kenntnis grammatischer Sachverhalte

3. Fähigkeit, einen Text zu interpretieren

4. Einblick in das antike philosophische Denken

Zu 1. und 2. stellen wir Auswahl-Aufgaben:

1. Mit welchem der folgenden lateinischen Wörter ist *secundus* etymologisch verwandt?

    ☐ secare   ☐ secus   ☐ segnis   ☐ secedere   ☐ sequi   ☐ secernere

2. Welches der folgenden Pronomina ist *quisquis* synonym?

    ☐ quivis   ☐ quisquam   ☐ quisque   ☐ quicumque   ☐ quilibet   ☐ quis

Quicquid facies: Was für ein Gliedsatz liegt vor?

    ☐ Verallgemeinernder Relativsatz   ☐ Adverbialsatz

    ☐ Indirekter Fragesatz   ☐ Subjektsatz

    ☐ Kondizionalsatz   ☐ Objektsatz

3. Im ersten Abschnitt des Texts stellt Seneca eine Gleichung zweier scheinbar höchst unterschiedlicher Begriffe her. Bitte drücken Sie diese Gleichsetzung möglichst knapp aus (System: a = b)
An einer anderen Stelle wird dem Leistungssportler unterstellt, daß ihm Quantität vor Qualität gehe.
Bitte lösen Sie den entsprechenden Satz aus dem Text heraus!

. . . nec vires umquam opimi bovis nec pondus aequabis:

Hier liegt wahrscheinlich eine literarische Anspielung vor; versuchen Sie, das literarische Genus des Vorbilds und wenigstens einen seiner markantesten Vertreter zu benennen!

. . . saltus, qui corpus in altum levat:

Seneca bedient sich einer sehr umständlichen Ausdrucksweise und meidet offensichtlich die *termini technici* des Sportbetriebs; warum wohl?

4. Für die Lehren welcher philosophischen Richtung zeigte sich Seneca besonders aufgeschlossen?

Welchen Zweck verfolgt Seneca mit philosophischen Erörterungen von der Art des vorliegenden Briefs?

Was ist für ihn eine unerläßliche Voraussetzung der *valetudo*? Stellen Sie anhand des Texts auch fest, was bereits als Kranksein betrachtet wird!

Lösungen zu Z 1.–4.:

1. secundus: herzuleiten von *sequi* („der folgende"); nicht nur die Zahlbezeichnung „der zweite" läßt sich aufgrund dieser Etymologie erklären, sondern auch die Bedeutung „günstig, glücklich"; als günstig werden Umstände beurteilt, wenn diese sich sozusagen willig fügen, „mitgehen".

2. quisquis = quicumque; es liegt ein verallgemeinernder Relativsatz vor.

3. valere = philosophari
   copia ciborum subtilitas impeditur

   Es dürfte auf die bekannte Fabel vom Frosch und vom Ochsen angespielt sein, die in der römischen Literatur u.a. von PHAEDRUS (zur Zeit des Augustus) gestaltet wurde.
   Die griechischen Vorbilder sehr vieler Fabeln gehen auf ÄSOP (6. Jh. v.Chr.) zurück.
   Seneca kokettiert wohl ein wenig mit seiner „Unsportlichkeit", er demonstriert, daß er terminologisch nicht up to date ist und es auch gar nicht sein will – sonst würde ja das, was er als *exercitium* anrät, in die Nähe dessen geraten, was er eben kritisiert hat.

4. Seneca neigte besonders der Lehre der Stoiker zu (benannt nach dem Ort der ersten Lehrveranstaltungen, der Stoá poikíle (bunten Halle) in Athen; bedeutende stoische Denker des 3. Jh. v. Chr. waren Zenon, Chrysippos, Kleanthes).
   Absicht Senecas ist es vor allem, Philosophie für den Alltag nutzbar zu machen.
   Nach stoischer Ansicht ist Bildung eine unerläßliche Voraussetzung der wirklichen Gesundheit; kehrt man den Gedanken um, dann ergibt sich ein von den Stoikern oft gebrauchter Satz: Jeder Ungebildete ist (geistig krank) verrückt.

Hier noch ein Hinweis zum Schwierigkeitsgrad:

Der Text, eine Schularbeit für eine 11. Klasse / 7. Lateinjahr, sowie die Fragen sind als leicht zu qualifizieren; wir wollten damit behutsam auf nun steigende Anforderungen vorbereiten.

5.6 Überlastung der Schüler?

Quaeri solet, an, etiamsi discenda sint haec[1], eodem tempore tamen tradi omnia et percipi
3 possint.

Negant enim quidam, quia confundatur animus ac fatigetur tot disciplinis in diversum tendenti-
6 bus, ad quas nec mens nec corpus nec dies ipse sufficiat – et, si maxime patiatur hoc aetas robustior, pueriles annos onerari non oporteat. Sed
9 non satis perspiciunt, quantum natura humani ingenii valeat; quae ita est agilis ac velox, sic in omnem partem, ut ita dixerim, spectat, ut ne
12 possit quidem aliquid agere tantum unum, in plura vero non eodem die modo, sed eodem temporis momento vim suam intendat.

15 Praeterea reficit animum varietas ipsa, contraque est aliquanto difficilius in labore uno perseverare.

18 Quamlibet multa egerimus, quodam tamen modo recentes sumus ad id, quod incipimus.

Quis non ob-tundi potest, si per totum diem
21 cuiuscumque artis unum magistrum ferat?

Cur ipsi aliquid forensibus negotiis, aliquid desideriis amicorum, aliquid rationibus domesticis,
24 aliquid curae corporis, nonnihil voluptatibus cottidie damus?

Quarum nos una res quaelibet nihil intermittentes
27 fatigaret. Adeo facilius est multa facere quam diu.

1) **haec:** es sind die vielfältigen Inhalte der schulischen Ausbildung gemeint

Zum Text: Quintilianus, Institutio oratoria I 12, 1–2, 5, 7; als Schulaufgabe einer 12. Klasse (6. Lateinjahr, Latein als 2. Fremdsprache) vorgelegt. (= 2 T. Abitur L 1 1961)
Der konstruktiv einfache Abschnitt verlangt Sorgfalt in der Wortwahl und Formulierung.

V:

1) an: Bedeutung an dieser Stelle?

4) quidam: welches Synonym könnte hier eingesetzt werden?

5/6) in diversum tendere: gute deutsche Wendung?

7) patiatur: wie lautet der Infinitiv? Wie das Perfekt?

15) contra: Wortart?

21) ars: Bedeutung an dieser Stelle? Weiterer Bedeutungsbereich?

23) ratio: wir stellen uns dieselben Fragen wie für *ars*!

L

G:

1) Begründung für den Konjunktiv *discenda sint*?

4) **quid** negant quidam?

4/5) confundatur ac fatigetur: warum Konjunktiv?

5/6) Funktion der Ablativ-Verbindung?

9/10 quantum . . . valeat: welche Art von Gliedsatz liegt vor?

11) ut ita dixerim: was drückt der Konj. Perfekt hier aus?

15) varietas ipsa: welche Funktion erfüllt *ipse* in dieser Verbindung?

18) wodurch läßt sich das konjunktional gebrauchte *quamlibet* ersetzen?

21) ferat: Modus? Funktion?

26) nihil: wovon abhängig?
intermittentes: Sinnrichtung des Partizips?

L

Ü:

Der **G**-Teil hat bereits darauf aufmerksam gemacht, daß in unserem Text Konjunktive in recht unterschiedlicher Funktion und ziemlicher Anzahl begegnen; bitte bemühen Sie sich um treffende Wiedergabe!

Das Satzgefüge *Negant . . . oporteat (Z. 4* bis *8)* sollten Sie sich in der Weise über-
schaubar machen, daß Sie nach dem S. 9 ff. geübten Wegklammerverfahren vor allem
die Gliedsätze 2. Grades eliminieren. Es ist auch möglich, die Periode auf drei Ebenen
zu verteilen:

HS   (Hauptsatz)

GS 1 (Gliedsätze 1. Grades)

GS 2 (Gliedsätze 2. Grades)

I:

Bevor Sie im Lösungsteil Ihre Übersetzung überprüfen, versuchen Sie bitte, mit eigenen Worten die Argumentation Quintilians darzustellen – so, daß sie einleuchtet und
überzeugt.

Lösungen:

V:

1) an ist an dieser Stelle wie *num* (ob etwa) gebraucht; zu *haud scio an* ↗ S. 40, *Z. 35*;
an kann auch unabhängige Fragen einleiten, es bedeutet dann: oder, oder etwa,
doch wohl.

Schließlich sei an die Verwendung von *an* in Disjunktivfragen erinnert:

Utrum Horatium an Catullum pluris facis?   Schätzt du Horaz oder
                                   Catull mehr?

Te rogo, { utrum Horatium / Horatiumne / Horatium } pluris facias an C.   Ich frage dich, ob du H.
                                       mehr schätzt oder C.

Beachten Sie, daß das lateinische *utrum* in der direkten Frage im Deutschen keine
Entsprechung hat, während umgekehrt, jedenfalls manchmal, dem deutschen **ob**
in der indirekten Formulierung keine lateinische Fragepartikel gegenübersteht.

4) quidam (Pl.) = (häufig) *nonnulli*; an dieser Stelle ist jedoch auch wörtliche Wiedergabe möglich: bestimmte Leute, Autoren

5/6) „ungleichartig"; auch das Fremdwort ‚disparat' trifft den Sachverhalt.

7) pati (dulden, zulassen, erlauben, mit etwas fertig werden); *passus sum*

15) contra ist hier als Adverb gebraucht („im Gegenteil")

21) der Kontext legt hier die Bedeutung „Fach, Disziplin, Unterrichtsgegenstand" nahe; ars bezeichnet im Lateinischen weit mehr als nur „Kunst": das Bedeutungsspektrum des Wortes reicht von Geschicklichkeit über Handwerk, Wissenschaft, Dichtung, Lehre, System, Theorie, Handbuch, Kunstwerk, Eigenschaft bis zu den *malae artes* (Sallust), den üblen Tricks.

Wir sehen, daß mit diesem einen Begriff sowohl die Voraussetzung für ein *artificium* wie auch der Weg dahin und das „Endprodukt" benannt werden können.

23) ratio gehört zu den besonders vieldeutigen Wörtern des Lateinischen, an der vorliegenden Stelle entspricht es ungefähr dem Allerweltswort *res* (Angelegenheit); im übrigen kann es so ziemlich alles bezeichnen, was einigermaßen mit dem Verbstamm in Verbindung zu bringen ist, von dem es sich herleitet, mit *reor, ratus sum:* denken, berechnen, meinen.

Bitte überprüfen Sie mit Ihrem Wörterbuch den jeweils erkennbaren Zusammenhang, z.B. für Rechenschaft, Liste, Verhältnis, Überlegung, Methode, Standpunkt, System, Theorie, Lehre, Mittel, Weg, Möglichkeit, und suchen Sie die für *ars* angestellten Überlegungen auf *ratio* zu übertragen.

Sie werden bei einigem Nachdenken herausfinden, daß aus dem Umstand, daß *ars* und *ratio* u.a. „Lehre" bedeuten können, nicht abgeleitet werden darf, *ars* sei teilsynonym mit *ratio*: die Lehre der Stoiker kann man z.B. nicht als *ars* bezeichnen, die Unterweisung in einem Handwerk nicht als *ratio*.

Vergleichen wir noch vier Wörter, die eine Möglichkeit bezeichnen:

facultas –	potestas –	copia –	ratio
(zu *facere*/*facilis*)	(zu *posse*/*potens*)	(*co-opia* zu *opes*)	(zu *reor, ratus*)
etwas kann getan werden, ist „machbar"	man ist zu etwas fähig/mächtig	es sind die Mittel zu etwas vorhanden	man hat durch Überlegen einen Weg gefunden
– die Möglichkeit besteht von der Sache her	– die Möglichkeit besteht von der Person her	– Aspekt der vorhandenen günstigen Voraussetzungen	– die Möglichkeit ist Ergebnis eines Denkprozesses

Die von uns vorgenommene Aufschlüsselung soll nun freilich nicht suggerieren, daß die Bedeutungsbereiche stets säuberlich eingegrenzt wären – dies würde auch für Römer ein zu bewußtes Umgehen mit Sprache bedeutet haben. Prinzipielle Unterschiede bestehen jedoch, und es ist für das Wortverständnis vor allem im Hinblick auf das Behalten von Bedeutungsfeldern hilfreich, sie zu kennen.

G:

1) Zwei Erklärungen sind möglich: Einbettung in einen konjunktivischen Gliedsatz (indirekte Frage, somit Teil eines als abhängig, als subjektiv dargestellten Gedankens) bzw. Potentialis der Gegenwart (Annahme einer möglicherweise bestehenden Notwendigkeit). In diesem Falle verwenden wir im Deutschen Hilfszeitwörter wie „sollen".

4) Objekt zu *negant* ist keineswegs der mit *quia* eingeleitete Gliedsatz (also nicht: einige Leute bestreiten, daß . . .; im klassischen Latein müßte ein solcherart abhängiger Sachverhalt durch AcI ausgedrückt werden!), sondern der im vorausgehenden Satz in Frageform gebrachte Ausdruck *eodem tempore . . . possint.*

4/5) Kausalsätze mit *quod/quia/quoniam* stehen normalerweise im Indikativ; der Konjunktiv im vorliegenden Fall erklärt sich aus der „inneren Abhängigkeit" von *quidam negant*: nicht der Autor des Textes, sondern bestimmte Leute bedienen sich der Begründung *quia . . . confundatur*, die durch den Konjunktiv als subjektiv, vom Autor nur referiert und damit als indirekt wiedergegeben ausgewiesen ist. Der Konjunktiv **muß** somit im Deutschen ausgedrückt werden.

5/6) Die aus einem nominalen *(tot disciplinis)* und partizipialen/verbalen Teil *(tendentibus*, davon abhängig das Adverbiale *in diversum)* bestehende Wendung sieht geradezu verlockend nach Abl. m. Part. aus: „wenn/weil/wobei so viele Fächer in verschiedene Richtung sich erstrecken"; eine solche Lösung führt aber in die Irre; wir haben einen simplen Instrumentalis (Abl. causae) vor uns:

„weil man verwirrt werde durch so viele Fächer, die . . ."

9/10) indirekte Frage

11) Betonung des Potentialis im Finalsatz; Quintilian könnte ebensogut *ut ita dicam* (sozusagen) schreiben; *dixerim* macht die Wendung noch etwas zurückhaltender:

„wenn ich mich so ausdrücken darf",
„um es einmal so zu formulieren".

15) ipse dient sehr oft zur Hervorhebung, Eingrenzung oder Präzisierung eines Sachverhalts:

hoc ipsum dico	gerade das meine ich
sub ipso monte	genau (hart) am Fuß des Berges
ars ipsa	die Kunst an sich

also: „allein schon die Abwechslung", „die bloße Abwechslung"

18) quamlibet (hier)=*quamvis, licet, etiamsi.*

Der konzessive Inhalt des Gliedsatzes sollte klar zum Ausdruck kommen:

„Mögen wir auch noch so viel getan haben."

21) Konjunktiv mit potentialem Sinn (die Vorstellung ist ja tatsächlich schlimm genug!), in den die aus konjunktivischen Hauptsätzen vertraute Aufforderungs-Funktion dieses Modus mit einfließt:

„. . . falls er zu ertragen hätte."

Die konjunktivische Wiedergabe des Gliedsatzes hat Konsequenzen für den im Lateinischen indikativischen Hauptsatz. An die Stelle des lat. Realis (↗S. 39, Z. *21)* tritt deutscher Konjunktiv.

26) adverbialer Akkusativ zu *intermittentes* („in keiner Hinsicht"), entspricht meist einer Verneinung *(non)*; das Partizip hat kondizionalen Sinn: „wenn wir uns überhaupt keine Unterbrechung gönnen".

Ü:

Analyse zu Zeile *4* bis *8*:

a) Wegklammern:

Negant enim quidam, (quia confundatur animus ac fatigetur tot disciplinis in diversum tendentibus, ([2]ad quas . . . sufficiat)[2] et, ([2]si . . . patiatur . . .,)[2] pueriles annos onerari non oporteat)

b) Verteilung auf Satzebenen:

HS Negant enim quidam

GS 1   quia confundatur animus ac fatigetur . . . et . . . non oporteat

GS 2   ad quas . . . sufficiat / si . . . patiatur

(Musterübersetzung im Anschluß an den folgenden Interpretationsteil!)

I: (Denkbare Ausführungen)

Quintilian geht von der Frage aus, ob man – wenn man schon eine große Zahl schulischer Fächer für nötig hält – es für möglich halten dürfe, daß sie nicht nach-, sondern nebeneinander unterrichtet werden und dementsprechend die Schüler sie zu verarbeiten hätten.

Gegner eines solchen Verfahrens weisen darauf hin, daß die Verschiedenartigkeit der Inhalte verwirre, die Schüler psychisch und physisch überfordere und auch ein Zeitproblem darstelle.

Selbst wenn man bei Erwachsenen mit solcher Fächervielfalt Anklang finde, dürfe man doch Kinder damit nicht beanspruchen.

Quintilian seinerseits ist der Meinung, daß diese Argumentation die Aufnahmefähigkeit und Umstellungsbereitschaft des menschlichen Geistes unterschätze. Dieser sei im Gegenteil so vielseitig interessiert, daß es ihm gar nicht möglich sei, sich wirklich völlig auf ein und dieselbe Sache zu konzentrieren.

Während Abwechslung neuen Auftrieb verschafft, erschöpft Gleichförmigkeit. Man stelle sich nur vor, man müsse einen ganzen Tag lang dem Unterricht e i n e s Lehrers in einem einzigen Fach folgen!

Schließlich achten wir ja auch im täglichen Leben auf Abwechslung! Es ist tatsächlich leichter, viele Dinge zu erledigen als sich mit einer Tätigkeit über lange Zeit hin zu befassen!

Die Anfertigung einer Paraphrase, entsprechend der eben gebrachten, kann – hinreichendes Textverständnis vorausgesetzt – v o r der Formulierung einer Übersetzung recht nützlich sein, weil man sich den logischen Aufbau eindringlicher vor Augen führt als während des Ringens um Wortbedeutungen, Konstruktionen usw., wo oft die Beschäftigung mit dem Detail den Blick für den größeren Zusammenhang trübt und sinnstörende Versehen aufkommen läßt.

Versuchen Sie jedenfalls immer, parallel zur konstruktiven Erfassung eines lateinischen Texts Inhaltsanalyse zu betreiben und jeweils vor dem Einstieg in einen Satz schon Vermutungen anzustellen, in welcher Weise der bisher erkennbare Gedankengang weitergeführt werden wird. Überlesen Sie auch häufiger das schon Niedergeschriebene; antike Autoren neigen dazu, e i n Argument zu variieren oder durch Beispiele abzustützen, wie es Quintilian in unserem Text getan hat.

Aber nun zur Übersetzung!

Man fragt sich gewöhnlich, ob es möglich ist, selbst wenn all dies zu lernen sei(n) sollte), alles zur selben Zeit zu vermitteln bzw. (und) aufzunehmen.

Einige (Autoren) bestreiten das nämlich, weil der Geist verwirrt und erschöpft werde durch so zahlreiche, (inhaltlich) auseinanderstrebende Fächer, zu deren Bewältigung (für die) weder der Verstand noch die körperliche Konstitution (der Körper) noch sogar die Zeit hinreichend sei, und weil, falls auch Erwachsene damit fertig werden sollten (ein kräftigeres Alter dies aushielte), es unangebracht sei (sich nicht gehöre), damit die Jahre der Kindheit (kindlichen Jahre) zu belasten. Aber (diese Kritiker) erfassen nicht hinreichend, was der menschliche Geist seinem Wesen nach zu leisten vermag (was die Natur des m. G. vermag); er (sie) ist nämlich so wendig und rasch (im Auffassen) und blickt, wenn ich mich so ausdrücken darf, in dem Maß auf jedes denkbare Gebiet (=zeigt so vielfältige Interessen), daß er nicht einmal dazu in der Lage ist, etwas nur für sich allein zu betreiben, sondern seine Aufmerksamkeit (Kraft) nicht nur am gleichen Tag, sondern sogar im gleichen Augenblick auf mehrere (Gegenstände) richtet.

Außerdem läßt allein die Abwechslung den Geist sich erholen, und im Gegensatz dazu ist es beträchtlich schwieriger, bei einer Arbeit durchzuhalten.

Mögen wir auch noch so viel erledigt haben, in gewisser Weise sind wir doch frisch für das, womit wir beginnen.

Wer könnte dagegen nicht „am Boden zerstört" werden, falls er den ganzen Tag lang einen Lehrer (welchen Fachs auch immer) zu ertragen hätte – mag es sich nun um dieses oder jenes Fach handeln (dabei spielt es keine Rolle, um welches Fach es sich handelt).

Weswegen widmen wir jeden Tag (täglich) einen Teil unserer Zeit (etwas) den Geschäften auf dem Forum, den Bedürfnissen unserer Freunde, den häuslichen Angelegenheiten, der Körperpflege und ein wenig (wohl auch) unserem Vergnügen?

Jede beliebige dieser Betätigungen würde uns, für sich allein ununterbrochen betrieben (wenn wir sie . . . betrieben), ermüden.

In dem Maß also ist es leichter, vieles zu tun als (etwas bestimmtes) lange.

5.7 Elementares Intermezzo

Bevor wir uns im folgenden mit anspruchsvolleren Aufgaben befassen, bieten wir ein wenig Gelegenheit zur Wortschatzwiederholung und zur Fehlerbeurteilung.

I. Wie lange brauchen Sie jeweils, um die Formen einer Vierergruppe zu bestimmen und auf ihre Grundform zurückzuführen?

1. faris – feris – foris – furis

2. fidere – foedere – fodere – fudere

3. leni – leti – levi – legi

4. edes – aedes – ades – des

II. Wie viele vom gleichen Stamm abgeleitete Wörter fallen Ihnen ein zu:

servus – liber – oriri – pars – sedes

III. Ermitteln Sie die passende Bedeutung von petere in den folgenden Verbindungen:

naves portum petebant   –   veniam petamus
consulatum petere   –   Alexander telis petitur

IV. Stellen Sie möglichst viele Verben des Bedeutungsbereichs „erreichen" zusammen!

L

Korrekturübung

In der Übersetzung jedes der drei folgenden Sätze steckt ein typischer, folgenschwerer Verstoß!

P. Africanus Carthagine deleta Siculorum urbes signis monumen-
3 tisque pulcherrimis exornavit, ut, quos victoria populi Romani maxime laetari arbitrabatur, apud eos monu-
6 menta victoriae plurima collocaret.

Publius Africanus schmückte nach der Zerstörung Karthagos die Städte der Sizilianer mit wunderschönen Standbildern und Monumenten, weil er glaubte, daß sie sich über den Sieg des römischen Volkes am meisten freuten; deshalb stellte er auch bei ihnen die meisten Denkmäler (zur Erinnerung an den Sieg) seines Sieges auf.

M. Marcellus urbem pulcherrimam Syracusas, quae cum manu munitis-
3 sima esset tum loci natura terra ac mari clauderetur, cum vi consilioque cepisset, non solum incolumem pas-
6 sus est esse, sed ita reliquit orna-tam, ut esset idem monumentum victoriae, mansuetudinis, continen-
9 tiae, cum homines viderent et, quid expugnasset, et, quibus pepercisset, et, quae reliquisset.

M. Marcellus eroberte die herrliche Stadt Syrakus mit Gewalt und Planung, nachdem er sie in bewaffneter Hand hatte und die Natur des Ortes von Land und Meer abgeschnitten hatte, und ließ sie nicht nur unversehrt, son-dern so geschmückt, daß dasselbe ein Denk-mal des Sieges, der Milde und Mäßigung war, als die Leute es sahen und das, was er erobert hatte, die er geschont hatte, und das, was er zurückgelassen hatte.

Et Marcellus, qui, si Syracusas ce-pisset, duo templa se Romae dedica-
3 turum voverat, is id, quod erat aedificaturus, iis rebus ornare, quas ceperat, noluit.

Marcellus, der nach der Einnahme von Syra-kus zwei Tempel in Rom weihte, gelobte auch, daß er das, was er erbaute, nicht mit den Din-gen schmücken wolle, die er erbeutet hatte.

Lösungen

I. 1. faris: du sprichst (zu fari; vgl. fatum, -i: der Spruch, das Schicksal –, fatalis, -e, infandus, -a, -um: unsäglich, fabula, -ae, in-fans, -ntis: ein Kind, das noch nicht sprechen kann, dazu auch fas, nefas, fasti)
   feris: ableitbar von ferus, -a, -um (wild), aber auch von ferire (schlagen, treffen) nicht jedoch von ferre (fers!)
   foris: Dat. oder Abl. Pl. zu forum, aber auch Adverb: draußen, außerhalb, von draußen
   furis: Gen. Sg. zu fur (Dieb), ableitbar von ferre (der, der etwas fortträgt)

2. fidere = confidere (vertrauen; Perf.: con-fisus sum), dazu fidus, -a, -um, fidelis, -e, fides, -ei, fiducia, -ae, perfidus, -a, -um, perfidia, -ae
   foedere: Abl. Sg. zu foedus, -eris (Bündnis); bitte nicht mit dem Adjektiv foedus, -a, -um (häßlich) verwechseln
   fodere: graben (fodio, fodi; dazu fossa, -ae, per-fodere: durchbohren), Infinitiv Präsens oder 3. Pers. Pl. Ind. Perf. Akt.
   fudēre = fuderunt (zu fundere: gießen, zerstreuen, dazu con-fundere, dif-fundere, ef-fundere)

3. leni: Imperativform zu lenire (lindern) oder Dat./Abl. Sg. zu lenis, -e (lind,
   sanft), dazu lenitas, -atis
   leti: zu letum, -i (Tod, dichterisch)
   levi: Dat./Abl. Sing. zu levis, -e (leicht, leichtsinnig), dazu levare, levitas, -atis
   legi: Dat. zu lex, legis (Gesetz) bzw. Inf. Präs. Passiv von legere (lesen, sammeln)

4. edes: du wirst essen oder du wirst herausgeben (zu edo, edi, esum bzw. zu edo,
   edidi, editum)
   aedes, -is oder aedes, -ium; das Pluralwort bezeichnet ein Gebäude (= mehrere
   Räume), der Singular einen Tempel (= einen Raum)
   ades: du bist da (zu adesse) oder: sei da!
   des: Konj. Präs. zu dare: do, ut des (ich gebe, damit du gibst – römisches Prinzip
   der Gegenseitigkeit im Verkehr mit den Göttern)

II. servitus, -utis; servilis, -e; servire; servitium, -i
    liberi, -orum; libertas, -atis; liberalis, -e; liberare; liberalitas, -atis
    oriens, -ntis; origo, -inis; ortus, -us; adoriri (angreifen)
    particeps, -cipis (an etwas beteiligt); expers, -tis (ohne Anteil an etwas); partiri;
    partim
    sedēre mit Komposita: possidēre, obsidēre, dazu die Ableitungen der 3. Konjuga-
    tion: possidere (in Besitz nehmen), considere, residere; seditio, -onis (Aufstand,
    aus sedes und ire); sedare: (eigtl. ,,zum Sitzen bringen", beruhigen) stillen (famem);
    desidia, -ae (,,das Herumsitzen"): die Trägheit

III. die Schiffe hielten Kurs auf den Hafen –
     wollen wir um Nachsicht bitten –
     sich um das Konsulat bewerben –
     man schleuderte Speere gegen Alexander

IV. erreichen (= bekommen): adipisci; nancisci (durch Zufall);
    impetrare (aufgrund von Bitten); consequi (einholen);
    contingere, attingere (eigtl. ,,berühren") zu tangere;
    erreichen (= durchsetzen): facere, perficere
    erreichen (= gelangen): pervenire (in urbem, ad senectutem)

Korrekturübung:

Der Hauptmangel der drei zu beurteilenden Übersetzungen von Stücken aus Ciceros
Reden gegen Verres (II 2,3 und II 4,55) besteht darin, daß die Signale nicht beachtet
wurden, die die Organisation von Perioden anzeigen. Willkürlich wurden Gliedsätze
zu Hauptsätzen erhoben, Wortbedeutungen (vor allem bei den Konjunktionen) nach

Belieben gewählt, Konjunktive ohne langes Zögern in Indikative umfunktioniert usw.; Wortschatzfehler fallen demgegenüber nicht so sehr ins Gewicht. Unsere Beispiele sollen zeigen, wovor wir uns in der nächsten Phase unseres Arbeitsgangs, in der es um konstruktiv anspruchsvollere Texte geht, besonders hüten müssen.

Erläuterungen zu den einzelnen Stücken:

Die Einleitung des ersten Abschnitts ist richtig übersetzt; falsch wird's ab *ut*, dem zu Unrecht die Bedeutung ,,weil" untergeschoben wurde; *quos . . . laetari* ≠ *eos . . . laetari* (an relativen Satzanschluß ist hier nicht zu denken; ferner gehört *arbitrabatur* nicht zu *ut*).

,,deshalb" ist willkürlich eingeflickt, *collocaret* wurde ohne Rücksicht auf den Konjunktiv zum Prädikat eines Hauptsatzes.

Diese Folge schwerer Fehler wäre zu vermeiden gewesen, wenn man den Satz nicht schlankweg von vorn nach hinten ,,übersetzt", sondern hinsichtlich seines Aufbaus beurteilt hätte.

Wir stellen (abgekürzt) die Satzebenen dar, wie es bereits auf S. 72 geschah:

HS   Africanus . . . exornavit

GS 1   ut apud eos . . . collocaret

GS 2   **quos** . . . **laetari** arbitrabatur.

        (AcI, verschränkt mit dem Relativsatz)

Sollten Sie mit der Auflösung derartiger Gebilde Probleme haben, dann gehen Sie folgendermaßen vor:

Sie ersetzen das Relativum durch ein Demonstrativum im gleichen Fall (hier also: *eos*) und übersetzen den losgelösten Satz:

,,er glaubte, daß sie sich freuten".

Darnach stellen Sie die durch das Relativum ausgedrückte Verbindung auf eine der drei folgenden Arten wieder her:

1. von denen er glaubte, daß sie . . . (schwerfällig, aber sicher)

2. die sich, wie er annahm, freuten . . . (geht auch meistens)

3. die sich **seiner Ansicht nach** freuten . . . (elegant, aber nicht bei jedem Prädikat durchführbar)

Der falsch übersetzte Teil des Satzes hätte also so wiedergegeben werden müssen:

. . . um bei denen die meisten Siegesmäler aufzustellen, von denen er annahm, sie freuten sich am meisten über den Sieg des römischen Volkes.

Vergleichen wir nun das Richtige mit dem Verkehrten, dann stellen wir verblüfft fest, daß der Informationsgehalt nahezu derselbe ist. Je nachdem, an welchen Korrektor man mit Produkten von der eben besprochenen Art kommt, hat man mit der Anrechnung verschieden vieler Minuspunkte zu rechnen.

Nach den z. Zt. gültigen Empfehlungen spielt es eine Rolle, wie sehr der Sinn entstellt wurde (vgl. die auf S. 33, Anm. 1 genannten Veröffentlichungen); achten Sie daher schon bei Ihren Klausuren darauf, wie Ihre Lehrer in vergleichbaren Fällen verfahren.

Der zweite Satz ist in noch gröberer Weise verbaut; die wichtigen *cum* vor *manu* und *vi* wurden falsch gedeutet, der Konj. *cepisset* nicht beachtet; im Relativsatz wurde der durch *cum . . . tum* (sowohl . . . als ganz besonders) gegliederte Kontrast *manu – naturā* nicht erfaßt und das Relativum zum Demonstrativum gemacht; die Bedeutung, die das dritte *cum* erhielt, gibt keinen Sinn, und die mit *quid/quibus/quae* eingeleiteten Sätze (man sieht es an dem eindeutigen *quid!*) sind indirekte Fragen, keine Relativsätze.

Wir gliedern die Periode durch Wegklammern der Gliedsätze:

M. Marcellus urbem pulcherrimam Syracusas, (quae cum . . . esset tum . . . clauderetur),
Relativsatz, bezogen auf urbem

(cum . . . cepisset) non solum **incolumen** passus est **esse,**
temporaler GS   AcI zu *passus est*

sed ita   reliquit   ornatam (ut esset . . . continentiae)
2. Präd. des HS

(²cum homines viderent et (³quid expugnasset)³ et (³quibus pepercisset)³ et (³quae reliquisset)³)².

Die drei Gliedsätze 3. Grades erweisen sich als in der Funktion von Objekten abhängig von *viderent* und sind durch Konjunktionen miteinander verbunden.

Verbesserte Übersetzung:

Als M. Marcellus die herrliche Stadt Syrakus, die sowohl künstlich (von Menschenhand) sehr stark befestigt ist und ganz besonders auch durch ihre natürliche Lage (Natur des Ortes) auf der Land- wie auf der Seeseite geschützt ist (abgeschlossen ist), dank überlegener Kräfte und geschickter Planung (durch Gewalt und Planung) erobert hatte, ließ er sie nicht nur unversehrt (duldete er nicht nur, daß . . .) sondern derart reich an Kunstwerken (verließ sie so geschmückt), daß sie gleichermaßen (eigtl. Neutr. Sg. zu *idem*, bezogen auf *monumentum*) eine Erinnerung an seinen Sieg, seine Milde und Mäßigung darstellte, da die Menschen sehen konnten, was (für eine Stadt) er erobert hatte, wen er geschont und was er dort (alles) belassen hatte.

Nun sehen wir auch klar, was in der fehlerhaften Übersetzung sonst noch alles verbaut war:

Im dritten Satz wurde das im Infinitiv stehende Prädikat eines AcI *(dedicaturum,* erg. *esse)* unter zusätzlicher Mißachtung des Zeitverhältnisses (Nachzeitigkeit!) zum Prädikat des Relativsatzes gemacht an Stelle von *voverat,* das *noluit* verdrängte, welches seinerseits wie *(se) nolle* behandelt wurde.

si Syracusas cepisset ist keineswegs bedeutungsgleich mit *cum . . . cepisset*; der *si*-Satz liefert die Voraussetzung für die Erfüllung des Gelübdes – Marcellus versprach also, in Rom zwei Tempel zu weihen, falls er Syrakus erobere (im Falle der Eroberung); als direkte Rede des M. formuliert klingt das so:

> ,,Si Syracusas expugnavero, Romae duo templa dedicabo."

Während in indikativischen Sätzen die Vorzeitigkeit zum Futur (zuerst muß die Stadt erobert sein, dann kann das Gelübde erfüllt werden) durch Futur II ausgedrückt wird, stehen bei abhängiger Ausdrucksweise nur Konj. Perfekt bzw. Plusquamperfekt zur Verfügung, je nach dem Tempus des übergeordneten Verbums.

Bei der Übersetzung ins Deutsche darf ein solcher ,,Konjunktiv für Futur II" nicht wie ein ,,normaler" Konjunktiv Plusquamperfekt behandelt werden; vergleichen wir hierzu die falsche und die zutreffende Übersetzung einer Caesar-Passage:

> Caesar pollicitus est se Atuatucis temperaturum esse,
> si se dedidissent, priusquam aries murum attigisset.

falsch:	C. versprach, die Atuatuker zu schonen, wenn sie kapituliert hätten, bevor der Sturmbock die Mauer berührt hätte.

richtig:	C. versprach, die Atuatuker zu schonen, wenn sie kapitulierten, bevor der Sturmbock die Mauer berühre.

direkte Formulierung der Caesarrede:

> Atuatucis temperabo, si se dediderint, priusquam aries murum attigerit.

Gliedern wir nun den Cicero-Satz mit Hilfe von Klammern:

> Et Marcellus, (qui, (²si Syracusas cepisset)²,
>   ⟨duo templa se Romae dedicaturum esse⟩ voverat),
> is id, (quod erat aedificaturus), iis rebus ornare, (quas ceperat) noluit.

Bemerkenswert ist die Wiederaufnahme des Subjekts durch *is*, die freilich im Deutschen nachgeahmt werden kann.

Übersetzung:

Und Marcellus, der das Gelübde abgelegt hatte, im Falle der Eroberung von Syrakus in Rom zwei Tempel zu weihen, (dieser Mann) lehnte es ab (wollte nicht), seine Bauwerke (das, was er bauen wollte) mit Beutegut (den Dingen, die er erbeutet hatte,) zu schmücken.

5.8 Ein Bild von vollkommener Schönheit

Crotoniatae quondam, cum florerent omnibus copiis et in Italia cum primis beati numerarentur,
3 templum Iunonis, quod religiosissime colebant, egregiis picturis locupletare voluerunt.

Itaque Heracleoten Zeuxin, qui tum longe
6 excellere ceteris pictoribus existimabatur, magno pretio conductum adhibuerunt.

Is et ceteras complures tabulas pinxit et, ut excel-
9 lentem muliebris formae pulchritudinem muta in sese imago contineret, Helenae se pingere simulacrum velle dixit.

12 Quod Crotoniatae, qui eum muliebri in corpore pingendo plurimum praestare aliis saepe accepissent, libenter audierunt. Putaverunt enim, si, quo
15 in genere plurimum posset, in eo magnopere elaborasset, egregium sibi opus illo in fano relicturum. Neque tum eos illa opinio fefellit. Nam
18 Zeuxis ilico quaesivit ab eis, quasnam virgines formosas haberent.

Illi autem hominem statim deduxerunt in
21 palaestram atque ei pueros ostenderunt multos magna dignitate praeditos. Etenim quodam tempore Crotoniatae multum omnibus corporum
24 viribus et dignitatibus antesteterunt atque honestissimas ex gymnico certamine victorias domum cum laude maxima rettulerunt.

27 Cum puerorum igitur formas et corpora magno hic opere miraretur: ,,Horum'', inquiunt illi, ,,sorores sunt apud nos virgines. Quare, qua sint
30 illae dignitate, potes ex his suspicari.''

,,Praebete mihi igitur, quaeso'', inquit, ,,ex istis virginibus formosissimas, dum pingo id, quod
33 pollicitus sum vobis, ut mutum in simulacrum ex animali exemplo veritas transferatur.'' Tum Crotoniatae publico de consilio virgines unum in
36 locum conduxerunt et pictori, quam vellet, eligendi potestatem dederunt. Ille autem quinque

1) **Crotoniatae, -arum:** Einwohner von Kroton in Unteritalien
2) **cum primis** =in primis
3) **Iuno, -onis:** Juno
4) **pictura, -ae** und **pictor, -oris** zu pingere
5) **Heracleotes, -is** (*gr.* Akk.: -en): aus Herakleia
5) **Zeuxis, -is** (Akk. -in): Eigenname
10) **sese** =se
12) **locupletare:** zu locuples, -etis
15/16) **e-laborare!**
21) **palaestra, -ae:** Ringschule, Gymnasion
24) **ante-stare!**
25) **gymnicus, -a, -um:** gymnisch, (leicht-)athletisch
27) **magno opere** =magnopere, valde
28) **inquiunt:** Pl. zu inquit

delegit, quarum nomina multi poetae memoriae
39 prodiderunt, quod eius essent iudicio probatae,
qui pulchritudinis habere verissimum iudicium
debuisset.

42 Neque enim putavit omnia, quae quaereret ad ve-
nustatem, uno se in corpore reperire posse, ideo,
quod nihil singulari in re omnibus ex partibus
45 perfectum natura expolivit; itaque, tamquam
ceteris non sit habitura, quod largiatur, si uni
cuncta concesserit, aliud alii commodi adiuncto
48 aliquo incommodo muneratur.

42/43) **venustas, -atis**: Liebreiz (Venus!)
45) **ex-polire**: herausarbeiten
48) **munerari**: zu munus, -eris

Zum Text: 271 lateinische Wörter; aus Cicero, De inventione II 1;
Reifeprüfung für Gymnasien in Bayern mit Latein als 1. Fremdsprache 1952;
nicht im „Münchner Wortschatz" enthaltenes Vokabular und einige Eigennamen wurden von uns
angegeben.
Die Bewältigung des langen Abschnitts wird dadurch erleichtert, daß eine in sich abgeschlossene Geschichte erzählt wird.

V:

1) florere: Bedeutung an dieser Stelle?

3) colere: Bedeutungsspektrum?

7) conducere: Bedeutung?

11) simulacrum: Helena ist keine Göttin!

13/14) accipere: Bedeutung an dieser Stelle? Mögliche Synonyme?

17) fefellit: Präsens dazu?

22) dignitas: durch welches andere Substantiv kann das Wort hier ersetzt werden?

30) suspicari: Substantiv dazu?

33) pollicitus sum: Präsens dazu? Synonym?

34) animal: Wortart in diesem Zusammenhang?

36) vgl. conducere hinsichtlich seiner Bedeutung hier und in Zeile 7!

37) potestas: ⟋ S. 73!

45) tamquam: gleichbedeutende Partikeln?

47) concedere: Bedeutungsspektrum?

L _____

G:

3) quod: Wortart? Beziehung?

6) existimabatur: davon abhängige Konstruktion?

12) quod: worauf bezogen? Konstruktion?

12/14) qui... accepissent: welche Abhängigkeiten bestehen innerhalb dieses Gliedsatzes? Warum Konjunktiv?

15) in eo: worauf zu beziehen?

32) dum: Bedeutung an dieser Stelle?

36/37) eligendi: wovon abhängig?

39) essent: Begründung für den Konjunktiv?

45–48) itaque . . . muneratur: Aufbau des Satzgefüges?

46) ceteris: Kasus, Funktion?

47) alii: Kasus?
commodi: wovon abhängig?

47/48) adiuncto aliquo incommodo: Sinnrichtung der Partizipialkonstruktion?

L _____

Ü:

Bevor Sie Ihre Übersetzung der Stelle schriftlich formulieren, sollten Sie ihren Inhalt in Stichpunkten festhalten und prüfen, ob sich ein sinnvoller Handlungsablauf ergibt; versuchen Sie vor allem zu erschließen, welche Folgerung im Schlußsatz aus dem Vorgehen des Zeuxis gezogen wird. Damit Sie die gewonnenen Ergebnisse v o r der eigentlichen Übersetzungsarbeit beurteilen können, stellen wir im Lösungsteil dem Abschnitt **Ü** eine knappe Inhaltsangabe voran.

Lösungen:

V:

1) florere (eigtl. „blühen"): sich auszeichnen, glänzen (durch), sich in einer günstigen Lage befinden

3) colere: bebauen, bewohnen, pflegen, schmücken, verehrten – ein entsprechendes Bedeutungsspektrum weist das Subst. *cultus, -us* auf.

7) conducere (eigtl. „zusammenführen"): mieten, verpflichten (aus: „durch Zahlung an einen Ort zusammenbringen", z.B. *milites*), gewinnen

11) simulacrum: Sie hatten wahrscheinlich die Wortgleichung „Götterbild" in Erinnerung; das ist aber nur eine Bedeutung unter anderen: *simulacrum* kann nahezu jede Art von Bild/Erscheinung bezeichnen, z.B. ein Traumbild, ein Gespenst, eine Charakteristik oder den Schatten eines Toten.
An unserer Stelle entspricht *simulacrum* etwa den Wörtern *imago* und *tabula*.

13/14) accipere (hier): vernehmen, hören, erfahren; somit entsprechen *audire, comperire, discere, cognoscere, certior fieri, percipere*

17) fefellit: Perf. zu *fallere* (täuschen, entgehen)

22) an die Stelle von *dignitas* könnte *pulchritudo* oder *forma* treten

30) suspicio, -onis (Verdacht, Argwohn)

33) polliceri (versprechen); Synonym ist *promittere*

34) animal, -alis ist an dieser Stelle wie ein Adjektiv gebraucht, also: belebt, lebendig; vgl. damit *pater senex* (der alte Vater), *filius adulescens* (der jugendliche Sohn)

36) conducere ist hier in seiner Grundbedeutung zu übersetzen!

37) also: Möglichkeit (etwas zu tun)

45) tamquam leitet einen konjunktivischen Vergleichssatz ein, ähnlich wie *quasi, ac si, velut si*

47) concedere bezeichnet im weitesten Sinne ein Nachgeben zugunsten eines anderen („zusammenrücken" im Sinne von „Platz machen"), also: weggehen, ausweichen, sich fügen, hingehen lassen, abtreten, überlassen, erlauben, zugeben, aufgeben, begandigen; daneben kann das Wort auch ein Mitgehen, Hingehen, sich Anschließen ausdrücken.

G:

3) quod ist Relativpronomen, bezogen auf *templum*

6) von *existimabatur* hängt ein NcI ab *(qui . . . excellere)*; Übersetzung:

> von dem man annahm, daß er . . .
> der, wie man annahm, . . .
> der nach damaliger Ansicht . . .,

> Wir gehen also nach dem für relative Verschränkungen üblichen System vor
> ↗ S. 81!

12) quod (rel. Satzanschluß = *id*) bezieht sich auf einen ganzen Satz, nämlich auf die Zusicherung des Zeuxis.

12–14) qui . . . accepissent (kausaler Relativsatz) umrahmt einen AcI:

> *eum praestare,* zu dem das Dativobjekt *aliis* und der adverbiale Akkusativ *plurimum* ebenso gehören wie die Gerundivkonstruktion *in muliebri corpore pingendo.*

> *in* + Gerundiv im Ablativ drückt immer etwas Statisches aus:

>> in/bei der Darstellung . . .

> *ad* + Gerundiv (im Akk.) bezeichnet dagegen eine Richtung, ein Ziel oder Vorhaben, also ein finales Verhältnis:

>> ad pontem faciendum: zum Brückenbau, um eine Brücke zu bauen;

> sinngemäß entsprechen:

>> pontis faciendi causa (Gen. des Gerundivs mit adverbial erstarrtem Ablativ *causa:* wegen),
>> ut pontem faceret (Finalsatz)
>> pontem facturus (Part. Futur)

15) das Substantiv *genus* ist in den Relativsatz gezogen, weil er dem Hauptsatz vorangeht (sog. Attraktion, ↗ S. 31); wird die Wortfolge etwas verändert, fällt die Übersetzung leichter:

> si in eo genere, quo plurimum posset, magnopere elaborasset . . .

32) *dum* als vieldeutige Konjunktion leitet sowohl temporale wie kondizionale Gliedsätze ein; hier ist etwas Regelwissen von Nutzen:

> ① Alexander, dum in prima acie pugnat, vulneratus est.
>> [*dum* + Ind. Präs. (hist. Präsens): während]

② Alexander, dum in acie stabat, telis petebatur.

> [*dum* + Indikativ in der Zeit des Hauptsatzes (starre Gleichzeitigkeit):
> solange als
> bedeutungsgleich sind *donec, quoad, quamdiu*]

③ Alexander pugnavit, dum oppidum expugnatum est.

> [*dum* + Indikativ (auch Konj.) verschiedener Tempora (= *quoad*):
> solange bis]

④ Alexander omnes labores sustinuit, dum Asia potiretur.

> Alexander war bereit, alle Strapazen auf sich zu nehmen,
> wenn er nur Asien dadurch für sich gewinnen konnte.
>
> [*dum* (= *dummodo, modo*) m. Konj.: wenn nur]

Wie wir sehen, genügt die genauere Kenntnis von *dum* = während und *dum* = solange als, um zutreffende Entscheidungen fällen zu können.

36/37) die Gerundium-Form *eligendi* (Gen. zu *eligere*) ist von *potestatem* abhängig, also: „sie gaben ihm die Möglichkeit, auszuwählen/der Auswahl . . ."

Während von einem deutschen Substantiv ein Infinitiv abhängen kann, ist das im Lateinischen in der Regel nicht möglich; an die Stelle des Infinitivs tritt seine Beugungsform, eben das Gerundium, als Genitivattribut.

Aus „*quam vellet*" holt man zweckmäßigerweise ein Demonstrativum zu *eligendi* heraus: „*eam eligendi, quam vellet*".

39) es wird die Ansicht der *poetae* referiert (Konjunktiv der inneren Abhängigkeit, ↗ S. 57, Z. 13!)

45–48) der Hauptsatz *itaque aliud alii commodi adiuncto aliquo incommodo muneratur* umrahmt einen konjunktivischen Vergleichssatz *(tamquam . . . non habitura sit)* und einen davon abhängigen Relativsatz, der als Objekt zu *habitura sit* fungiert *(quod largiatur)*, einen Kondizionalsatz, der die Bedingung für die mit *tamquam* gezogene Folgerung enthält *(si . . . concesserit)* und sich im Tempusgebrauch mit den S. 83 besprochenen Fällen eines „Konjunktiv für Futur II" vergleichen läßt.

ceteris: Dativ (sog. Dativus commodi – „wem zum Vorteil"): „für die übrigen"

47) alii: hier, da an Nom. Pl. nicht zu denken, Dativ Sg. zu *alius* (die Genitivform lautete *alterius*!)

commodi ist als Gen. partitivus von dem Neutrum *aliud* abhängig. Seien Sie gerade bei Neutra stets auf diesen im Lateinischen nicht seltenen Genitivgebrauch gefaßt, dessen besondere Tücke darin besteht, daß vielfach der Genitiv nicht sofort an das Wort angeschlossen ist, zu dem er gehört.

Beispiele für Wendungen mit dem Gen. partitivus:

parum veritatis	zu wenig Wahrheitsliebe
sapientiae satis	hinreichend viel Verstand
multum laboris	viel Arbeit
nihil gaudii	keine Freude
tantum incesserat timoris	eine derartige Angst hatte sich ausgebreitet

47/48) adiuncto . . . incommodo: Abl. m. Part. modaler Sinnrichtung: wobei, indem

Inhaltsangabe in Stichworten:

Die Leute von Kroton, höchst reich und angesehen, wollen einen Tempel schmücken und gewinnen Zeuxis, der als sehr guter Maler gilt.

Dieser stellt ein Bild der Helena in Aussicht, was den Krotoniaten zusagt, welche seine besondere Geschicklichkeit in der Darstellung von Frauen kennen; sie erwarten folglich etwas Großartiges.

Zeuxis fragt nach schönen Mädchen, und die Krotoniaten zeigen ihm ihre hübschen Jungen in der Palaestra, damit er Rückschlüsse auf die Schönheit der Schwestern ziehen kann. Zeuxis bittet, ihm die hübschesten Mädchen für die Zeit seiner Arbeit an der „Helena" zur Verfügung zu stellen, und die Krotoniaten lassen ihn aus allen Töchtern der Stadt wählen; fünf Mädchen wählt Zeuxis aus, da er glaubt, nicht alles Benötigte in einer Erscheinung finden zu können, da die Natur nichts ganz vollkommen gestaltet.

Ü:

Als die Einwohner von Croton durch jede Art von Besitz sich hervortaten und in Italien als besonders glücklich galten (besonders zu den Glücklichen gerechnet/gezählt wurden), wünschten sie einmal den Tempel der Hera, den sie voll Gottesfurcht in Ehren hielten (sehr gewissenhaft pflegten), durch hervorragende Gemälde zu bereichern.

Damit beauftragten sie Zeuxis (deshalb zogen sie Z. heran), der, wie man damals annahm, die übrigen Maler weit übertraf, und den sie für ein hohes Honorar gewonnen hatten (den um hohen Preis mieteten). Er schuf (malte) sowohl eine Anzahl (mehrere) sonstiger Gemälde und erklärte auch ein Bild der Helena malen zu wollen in der Absicht, in einem stummen Bild die hervorragende Schönheit einer Frauengestalt (oder: eine Frauengestalt von vollendeter Schönheit) darzustellen (damit ein Bild . . . enthalte).

Das hörten die Krotoniaten gern, (zumal) da sie oft erfahren hatten, daß er in der Abbildung des weiblichen Körpers die anderen (seine Konkurrenten) am meisten übertreffe. Sie meinten nämlich, daß er ihnen in jenem Tempel ein hervorragendes Werk hinterlassen werde, wenn er sich auf dem Gebiet sehr anstrenge, auf dem er das meiste zu leisten vermöge (am meisten könne). Und ihre damalige Ansicht trog sie nicht. Denn Zeuxis fragte sie sogleich, was sie denn für hübsche Mädchen hätten. Jene aber führten ihn (den Mann) auf der Stelle in die Ringschule und zeigten ihm viele Jungen von vollendeter Schönheit (mit großer, beeindruckender Schönheit ausgestattete). Denn zu einer bestimmten Zeit übertrafen die Krotoniaten alle (anderen) beträchtlich (viel, sehr) an Körperkraft und Schönheit und brachten die ehrenvollsten Siege aus gymnischen Wettbewerben (eigtl. Singular) höchst ruhmvoll (mit größtem Ruhm) nach Hause.

Als nun (folglich) Zeuxis (dieser) die schönen (gutgewachsenen) Jungen (eigtl. (schöne) Gestalten und Körper; wir nehmen Hendiadyoin an) sehr bestaunte, meinten sie (die Leute von Kroton): ,,Deren Schwestern sind bei uns die jungen Mädchen. Du kannst dir daher von ihnen aus ein Bild machen (vermuten), wie hübsch jene sind (von welcher Schönheit . . .).

,,Stellt mir also", meinte Zeuxis, ,,von jenen Mädchen bitte die schönsten zur Verfügung, solange ich das male, was ich euch versprochen habe (an dem euch versprochenen Gemälde arbeite), damit auf das stumme Abbild die Naturtreue des lebenden Vorbilds übertragen werde." Darauf führten die Krotoniaten aufgrund eines allgemeinen Beschlusses die Mädchen an einem Platz zusammen und boten dem Maler die Möglichkeit, sich diejenige, die er wollte, auszuwählen.

Jener aber wählte fünf aus, deren Namen viele Dichter überliefert haben, weil sie durch das Urteil dessen (als schön) anerkannt worden seien, der in Fragen der Schönheit den untrüglichsten Geschmack habe besitzen müssen (das objektivste Urteil über Schönheit . . .). Er glaubte nämlich nicht, daß er an einem Leib alles finden könne, was er in Hinblick auf (vollendeten) Liebreiz suchte, (und zwar) deshalb, weil die Natur nichts an einem einzigen Wesen in jeder Hinsicht vollkommen erschaffen (herausgearbeitet) hat; daher schenkt sie (die Natur) jedem einen anderen Vorzug und fügt zugleich irgendeinen Mangel hinzu (wobei sie . . . hinzufügt), gleich als hätte sie nichts mehr für die übrigen (werde sie . . . haben), was sie ihnen schenken könne, wenn sie einem (einer) einzigen alles gewähre.

Z:

(Lernzielorientierte Aufgaben, speziell für Kollegiaten)

1. Welches Stammwort erkennen Sie in *egregius, ilico, simulacrum*?

2. Beschreiben Sie den Begriffsinhalt des Wortes *veritas*!

3. Geben Sie in Form einer knappen Fußnote zu Zeile *44* an, welche besondere Ausdrucksweise des Lateinischen sich in der Wendung *omnibus ex partibus* erkennen läßt!

4. Weisen Sie anhand des Texts nach, daß die für das Verhalten des Zeuxis wesentliche Ansicht *(Z. 42ff.)* nicht von vornherein auch die der Krotoniaten war!

5. Der Maler Zeuxis lebte im 5. Jahrhundert v. Chr.; bitte benennen Sie zwei bedeutende Bildhauer der gleichen Epoche zusammen mit ihren Hauptwerken!

6. Beschreiben Sie die Merkmale des „Strengen Stils" anhand der Abbildung auf S. 143!

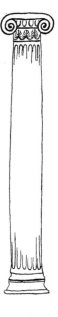

7. Handelt es sich bei der abgebildeten Säule um eine

   ☐ ionische   ☐ dorische   ☐ korinthische?

   Begründen Sie Ihre Entscheidung durch Angabe der wesentlichen Kennzeichen und Abgrenzung gegen die anderen Bauordnungen!

8. Die Werke der berühmtesten antiken Maler (Polygnot, Apollodoros, Parrhasios und Apelles) sind uns verloren; was versetzt uns in die Lage, uns ein gewisses Bild von ihrer Art zu machen?

Lösungen zu Z:

1. In *e-gregius* steckt *grex, gregis* (Herde); das Wort bezeichnet also zunächst etwas, das normales Maß überschreitet, z. B. einen besonders großen Hammel.

   ilico = *in loco*

   simulacrum: zu *similis, simulare.*

2. veritas hat, wie viele vergleichbare Abstrakta des Lateinischen, einen objektiven („Wahrheit") und einen subjektiven („Gefühl für Wahrheit", „Wahrheitsliebe") Bedeutungsbereich. Zum Vergleich bieten sich z. B. *officium* (Pflicht, Aufgabe, Dienstleistung/Pflichtgefühl) und *honos* (Ehre, Ehrenerweis/Ehrgefühl) an.

   veritas bezeichnet u. a. Wirklichkeit, Objektivität, Naturtreue, Unparteilichkeit, Offenheit und Regelhaftes (z. B. in der Grammatik)

3. Gegenüber der deutschen Entsprechung „in allen Teilen/Punkten/Bereichen", die als punktuell zu betrachten ist, betont die lateinische Wendung *omnibus ex partibus* einen Ausgangsort: „von allen Teilen aus gesehen".

4. Der Ausdruck *potestatem eligendi, quam vellet* läßt erkennen, daß die Krotoniaten zunächst von der Annahme ausgehen, Zeuxis werde das schönste Mädchen von allen auswählen.
   Auch durch *autem* im folgenden Satz kommt zum Ausdruck, daß der Maler sich anders verhält als erwartet.

5. Myron (Diskuswerfer; Athene und Marsyas)
   Phidias (Zeus von Olympia; Athene von Lemnos; Athene Parthenos; Parthenon-
   skulpturen)
   Kresilas (Büste des Perikles)
   Polyklet (Speerträger; Diadumenos)

6. Die Künstler des „Strengen Stils" (ca. 480–450) stellen die Figuren nicht mehr wie in der archaischen Epoche dem Beschauer frontal gegenüber, sie verlegen das Körpergewicht auf ein Standbein, wodurch sie das sog. Spielbein entlasten; an die Stelle des sog. archaischen Lächelns tritt ein eher ernster Gesichtsausdruck, das Kinn springt nicht mehr vor, ebensowenig wie die Augen.

7. Es handelt sich um eine ionische Säule; für sie charakteristisch sind die hohe Basis (die dorische Säule hat überhaupt keine, die vom sog. Trochilus geteilte der korinthischen ist weniger hoch), die Schneckenvoluten, der Eierstab und der palmettengeschmückte Hals des Kapitells (all dies fehlt am schmucklosen, in Abacus und Echinos geteilten Kapitell der dorischen Säule, während für das korinthische der Blattschmuck – Akanthus – typisch ist).
   Allen drei Ordnungen gemeinsam ist die Kannelürung des Säulenschaftes.

8. Den Berichten antiker Autoren können wir entnehmen, daß Polygnot seine Figuren noch perspektivelos übereinander anordnete, während schon Apollodoros Perspektive und Schattenwirkungen einführte und in Temperatechnik auf stuckierte Holztafeln zu malen begann. Zeuxis und Parrhasius strebten täuschende Naturtreue an, und die Werke des Apelles (Alexanderbildnisse, auftauchende Aphrodite) begeisterten die zeitgenössischen Dichter.
   Hinsichtlich der Technik und Thematik antiker Malerei lassen die gut erhaltenen Wandgemälde in Häusern von Pompeji und Herculaneum wertvolle Rückschlüsse zu, da sie sich stilistisch eng an griechische Vorbilder anlehnen.
   Auch die Vasenmalereien können als wertvoller Ersatz des Verlorenen betrachtet werden.

5.9 Du hast nichts versäumt

Cicero berichtet einem Bekannten über die Feiern zur Einweihung des Theaters des Pompeius (55 v. Chr.), mit deren Leitung ein gewisser Spurius Maecius betraut war.

M. Cicero s. d. M. Mario

Si te dolor aliqui corporis aut infirmitas vale-
3 tudinis tuae tenuit, quominus ad ludos venires,
fortunae magis tribuo quam sapientiae tuae; sin
haec, quae ceteri mirantur, contemnenda duxisti
6 et, cum per valetudinem posses, venire tamen
noluisti, utrumque laetor, et sine dolore corporis
te fuisse et animo valuisse, cum ea, quae sine
9 causa mirentur alii, neglexeris, modo ut tibi
constiterit fructus otii tui; quo quidem tibi
per-frui mirifice licuit, cum esses in ista amoeni-
12 tate paene solus relictus.

Neque tamen dubito, quin tu in illo cubiculo tuo
per eos dies matutina tempora lectiunculis con-
15 sumperis, cum illi interea, qui te istic reliquerunt,
spectarent communis mimos semi-somni. Reli-
quas vero partes diei tu consumebas iis delecta-
18 tionibus, quas tibi ipse ad arbitrium tuum
comparabas; nobis autem erant ea per-petienda,
quae Sp. Maecius probavisset . . .

9) **modo ut**: vorausgesetzt, daß
10) **constare** (hier) sich ergeben
11) **amoenitas, -atis**: schöne Gegend
(Marius hielt sich auf dem Land auf)
14) **matutinus, -a, -um**: morgendlich
14) **lectiuncula, -ae**: (leichte) Lektüre
mimus, -i: Posse

Zum Text: Cicero, ep. ad familiares VII 1,1 – Klausur im Leistungskurs Latein 1975 (3. Kurshalbjahr) am Melanchthon-Gymnasium Nürnberg, 128 lat. Wörter; Angaben nach dem Münchner Wortschatz.

V:

2/3) infirmitas valetudinis: Übersetzungsmöglichkeit? Vergleichbare Wendungen?

3) tenere: Bedeutung an dieser Stelle? Synonyme?

5) ducere: Bedeutung? Wodurch ersetzbar?

6) per: Bedeutungsbereich?

10) quo: Wortart?

12) relictus: wovon herzuleiten?

13) cubiculum, -i: welches Verbum steckt dahinter? Was bezeichnet das Suffix *-culum*?

15) istic: Wortart? Können Sie hinsichtlich der Bildungsweise vergleichbare Wörter anführen?

16) communis: das Wort kann nicht wie das deutsche Adjektiv „gemein" im moralisch abwertenden Sinn gebraucht werden (z.B.: ein gemeiner Kerl); wie ist es an dieser Stelle aufzufassen?

18) arbitrium: benennen Sie ein Substantiv und ein Verb gleichen Stamms!

L

G:

2) si ... aliqui: ↗ S. 36, Z. 3!

3) quominus: Erläuterung der Konstruktion!

6) cum: Sinnrichtung des Gliedsatzes? Hinweis darauf im übergeordneten Satz?

7) utrumque: Wortart? Kasus?

8/9) cum ... neglexeris: auf welche Bedeutung von *cum* legen Sie sich fest?

10) quo: wovon abhängig? Kasus?

13) quin: Bedeutung an dieser Stelle? Wodurch bedingt?

20) Begründung des Konjunktivs im Relativsatz?

L

Ü:

Bitte vergegenwärtigen Sie sich vor der Niederschrift Ihrer Übersetzung anhand der Vorbemerkung, der Anmerkungen und der bereits erfaßten Partien des Briefs die Ausgangssituation, die Überlegungen die Cicero anstellt, und den Aufbau der Passage!

Lösungen:

V:

2/3) valetudo bezeichnet allgemein den Gesundheitszustand *(bona, mala valetudo)*, kann aber einengend sowohl die Bedeutung „Gesundheit" wie „Krankheit" annehmen.

Wenn von Adjektiven abgeleitete Substantive einen Genitiv bei sich haben, können wir die Verbindung häufig wie eine aus Adjektiv und Substantiv bestehende behandeln:

atrocitas belli	=	bellum atrocissimum
diuturnitas itineris	=	iter diuturnum
stultitia hominis	=	homo stultissimus
immanitas sceleris	=	scelus immane
novitas rei	=	res nova

Es liegt auf der Hand, daß durch die Substantivierung der Eigenschaft ihr im Lateinischen größeres Gewicht verliehen wird als selbst durch den infolge häufigen Gebrauchs etwas abgestumpften Superlativ.

infirmitas valetudinis steht also für *infirm(issim)a valetudo*.

3) tenere entspricht hier seinen Komposita *detinere* (abhalten) und *retinere* (zurückhalten) bzw. *impedire* oder *prohibere*.

Haben Sie einen Blick ins Lexikon geworfen? Das Bedeutungsspektrum von *tenere* ist sehr umfangreich; Sie können das an folgenden Wendungen ablesen:

custodia tenere – fidem tenere – portum tenere – ius suum tenere – aliquem caedis tenere – amicam tenere

(Für den Fall, daß Sie Ihre Ergebnisse überprüfen möchten: die Übersetzung der Wendungen beschließt die Abteilung V!)

5) ducere mit doppeltem Akkusativ oder AcI entspricht *putare* bzw. *habere (pro nihilo ducere/habere)*; auch dieses Verb hat einen beträchtlichen Bedeutungsumfang, den wir durch einige Wendungen verdeutlichen – die Lösungen finden Sie an gleicher Stelle wie die für *tenere*:

in matrimonium ducere – os ducere – bellum ducere – spiritum ducere – colorem ducere – Caesarem die ex die ducere

6) an dieser Stelle bedeutet *per* „mit Rücksicht auf"; im übrigen bezeichnet es räumlich Richtung und Ausdehnung (*per silvam iter facere* – durch den Wald reisen;

per montes habitare – im Gebirge verstreut wohnen), zeitlich den Verlauf (*per multos annos* – viele Jahre lang), instrumental und modal Vermittler (*per servos* – mit Hilfe von/durch Sklaven) und Mittel (*per iocum* – im Scherz)

10) Relativum, ↗ **G** *10!*

12) relictus ist PPP zu *relinquere (reliqui)*, dazu *reliquiae, -arum*: Überreste; *reliquus, -a, -um*: übrig

13) cubiculum, -i (Schlafzimmer) ist von *cubare (cubui)* abzuleiten; das Suffix *-culum* hat hier finalen Sinn („Sache, die zu etwas dient", z.B. *iaculum*: Wurfspieß, *poculum*: Trinkgefäß, Becher, *habitaculum*: Unterkunft, Wohnung); in allen Genera von Substantiven und Adjektiven ist die verkleinernde Nachsilbe *-ulus, -a, -um* anzutreffen: *adulescentulus* (ziemlich junger Mann), *puella* (aus: *puer-ula*), *paululum* (ein klein wenig)

15) istic ist Ortsadverbiale, vergleichbar mit *hic* (hier) und *illic* (dort), aber auch mit *ubi* (wo) und *ibi* (dort); letzteren fehlt das von *hic / haec / hoc* vertraute „hinweisende c". Das kennzeichnende *-i-* entspricht der alten Lokativendung, vgl. *domi, humi, ruri* (auf dem Lande).

16) communis bedeutet ursprünglich „bereit für gemeinsame Aufgaben", sein Antonym (Gegenbegriff) ist *im-munis (munus!)*, das die Freiheit von *munera* bezeichnet (Immunität!).

Von „gemeinsam" dehnt sich die Bedeutung aus bis zu „öffentlich, überall üblich, gewöhnlich, abgedroschen", aber auch zu „leutselig" und „demokratisch".

18) zu *arbitrium* (Entscheidung, Willkür) gehören *arbiter* (Schiedsrichter) und *arbitrari* (entscheiden, meinen)

Zusätzliche Aufgaben zu Zeile *3* und *5*

3) festhalten (im Gefängnis) – die Treue bewahren – Kurs halten auf den Hafen (oder: den Hafen fest in der Hand haben, z.B. infolge militärischer Besetzung) – sein Recht in Anspruch nehmen/durchsetzen – jemanden eines Mordes überführen („jetzt haben wir dich!") – eine Geliebte haben

5) heiraten – das Gesicht verziehen – den Krieg in die Länge ziehen (Krieg führen: *bellum gerere*) – Atem holen – Farbe bekommen – Caesar Tag für Tag hinhalten (vertrösten)

G:

2) si aliqui dolor: falls irgendwelche kleinen Wehwehchen . . .

3) tenere fungiert hier als verbum impediendi; der Gliedsatz enthält also das, was verhindert wurde und wird daher im Lateinischen mit *ne* bzw. *quominus* (aus *quo minus = ut eo minus*: damit desto weniger) eingeleitet.

Hier wie bei den Verba timendi ist das Deutsche weniger präzise als das Lateinische:

ich wünsche, daß das geschieht	:	ich fürchte, daß das geschieht
(es soll geschehen)		(es soll **nicht** geschehen)
opto, ut hoc fiat	:	timeo, ne hoc fiat

6) es handelt sich um konzessives *cum* (obwohl); *tamen* weist darauf hin.

7) utrumque ist Akk. Neutrum zu *uter-que* (jeder von beiden, beide; vgl. *quis-que*: jeder, *ubi-que*: überall, *undi-que*: von allen Seiten; es ist als adverbialer Akkusativ von *laetor* (=*gaudeo*) abhängig.

8/9) bei der Auswahl sollten Sie sich nicht auf die vier *cum* mit Konjunktiv beschränken (als/da, weil/obwohl/während), sondern auch die mit Indikativ verbundenen in Ihre Überlegungen einbeziehen (↗ S. 38, *Z. 20*); der Konjunktiv im Gliedsatz braucht ja nicht durch das *cum* bedingt zu sein, sondern kann durch die Einbettung in eine infinitivische Konstruktion (die den Inhalt der Freude Ciceros beschreibt) bedingt sein.
Sie können folglich sowohl *cum* causale (da/weil) annehmen als auch explicativum (indem/dadurch, daß) und dürfen gewiß sein, daß in der Wirklichkeit der Sprache an die Stelle der säuberlichen Trennung in der Grammatik oft fließende Übergänge treten.
Trotzdem ist es nützlich, in knapper Form den Bedeutungsbereich von *cum* parat zu haben – sonst kennt man seine Grenzen nicht!

10) quo: relativer Satzanschluß im Ablativ, abhängig von *per-frui*, das ebenso wie die Deponentia *uti, fungi, vesci* mit Ablativ (instrumentalis) verbunden wird.

13) nach verneinten Ausdrücken, vor allem des Zweifelns, entspricht *quin* einem deutschen „daß"; entstanden ist es aus *qui* (wie; vgl. *qui fit:* wie kommt es) und *non*, also aus „wie(so) nicht?":

Quin amicus veniat?	Wieso sollte mein Freund nicht kommen?
Non dubito.	Ich zweifle nicht daran.

Das Beispiel zeigt, wie Unterordnung aus ursprünglicher Beiordnung hervorgegangen ist.

20) Konjunktive in Relativsätzen, soweit sie nicht durch innere Abhängigkeit, z.B. in der oratio obliqua, bedingt sind, können finalen Sinn haben (↗ S. 29, *Z. 10)*, was meist nach Verben des Schickens oder Überlassens der Fall ist. Hier ist nur mit Konjunktiv Präsens oder Imperfekt zu rechnen, ebenso wie in den Finalsätzen, die ja ihrer Natur nach nicht vorzeitig sein können. Ferner haben wir mit kausalem, konzessivem und (selten) adversativen Sinn zu rechnen, entsprechend dem Bedeutungsbereich von *cum* + Konj.; schließlich gibt es noch Fälle konsekutiver Sinnrichtung (*ego non sum is, qui terrear:* ich bin nicht von der Art, daß ich mich leicht erschrecken ließe), wozu auch der in Frage stehende Satz (*ea . . , quae:* derartige Dinge, wie) eine gewisse Beziehung aufweist, und – gelegentlich – kondizional zu erklärende Konjunktive.

Ü:

Marcus Cicero grüßt Marcus Marius

Wenn Dich körperliche Beschwerden, und wären sie noch so unbedeutend gewesen, oder Deine schwache Gesundheit davon abhielten, zu den Spielen zu kommen, dann schreibe ich es (Deine Abwesenheit) eher (mehr) Deinem Glück als Deinem Verstand zu; wenn Du aber glaubtest, Dich über das hinwegsetzen zu können, was die übrigen bewundern, und, wiewohl Du im Hinblick auf Deine Gesundheit dazu in der Lage wärest (oder, sinngemäß: gewesen wärest), (trotzdem) nicht kommen wolltest, dann kann ich mich über zweierlei (beides) freuen, sowohl darüber, daß Du frei warst von körperlichen Beschwerden, als auch, daß Du Deinen klaren Verstand unter Beweis stelltest (geistig gesund gewesen bist), indem Du auf das nicht achtetest, was andere ohne Grund bestaunen, vorausgesetzt, daß sich für Dich aus Deiner Muße Gewinn ergab (Frucht Deiner Muße . . .); sie konntest Du ja in wunderbarer Weise genießen, da man Dich in der schönen Gegend dort fast allein zurückgelassen hatte.
Ich zweifle jedoch nicht daran, daß Du in (jenem) Deinem Schlafzimmer im Verlauf der (letzten) Tage die Morgenstunden mit leichter Lektüre verbrachtest, während jene, die dich dort gelassen haben, in der Zwischenzeit im Halbschlaf abgedroschene Possen ansahen.
Den Rest (die übrigen Teile) des Tages aber konntest Du auf die Unterhaltungen verwenden, die Du Dir nach eigener Wahl (Entscheidung) verschafftest, wir aber mußten über uns das ergehen lassen (erdulden), was dem Spurius Maelius zusagte (seine Billigung gefunden hatte).

Z:

(Ergänzende Fragen für Kollegiaten, die Seneca, ep. 7 gelesen haben)

1. Welche Art von *ludi* behandelt Seneca in ep. 7?

2. In welcher Absicht geschieht das?
   Ergeben sich Anhaltspunkte, daß Cicero aus derselben Intention heraus geschrieben hat?

3. Welche auffälligen Unterschiede im Stil der beiden zu betrachtenden Briefe können Sie anführen?

Lösungen zu Z:

1. Seneca schreibt über die *ludi circenses*, die seiner Meinung nach auf stumpfsinniges Hinmorden von Menschen abzielen und keinerlei Unterhaltung und Entspannung gewähren.

2. Seneca will die Augen seiner Leser für das Abstoßende dieser *ludi* öffnen (*,,interim iugulentur homines, ne nihil agatur"*); er fragt, wodurch man es eigentlich verdient habe, dergleichen anschauen zu müssen (*,,quo tu meruisti miser, ut hoc spectes"*). Cicero drückt seine Distanz zu dem ,,*quae ceteri mirantur*" bzw. ,,*quae sine causa mirantur alii*" zurückhaltender, aber mit deutlicher Ironie aus: Wenn Du krank warst, dann hattest Du allerhand Glück; wolltest Du aber nicht kommen, wiewohl es Dir möglich gewesen wäre, dann hast Du Dich als klugen Kopf erwiesen; man kann in der Zeit, in der man diese *ludi* über sich ergehen lassen müßte, viel Vernünftigeres tun.
   Während das, womit Marius sich abgab, mit positiven Wendungen dargestellt wird (*fructus, amoenitas, delectatio*), wählt er für den Bereich der Spiele ironisch-abwertende Begriffe: *communis – semisomnus* (das Verhalten der Zuschauer erlaubt den Schluß, wie langweilig das Ganze war) – *perpeti*.

3. Wenn Cicero auch im Privatbrief lockerer, humorvoller schreibt als im Rahmen einer wissenschaftlichen bzw. rhetorischen Veröffentlichung, so bleibt er doch seinem Hang zur Periodenbildung treu. Seneca dagegen bevorzugt kurze Sätze; sein von vornherein für die Herausgabe bestimmter ,,Brief" wendet sich nicht an einen Adressaten, sondern an ein ganzes Lesepublikum, das er durch starken Gebrauch verschiedener Stilmittel zu beeinflussen sucht.
   So erstreckt sich der Einleitungssatz des Cicero-Briefs bis über die Mitte des vorliegenden Abschnitts hinaus, während Seneca seine Aussagen im Extremfall auf ein Wort komprimiert:
   Quid tibi vitandum praecipue existimem, quaeris? **Turbam.**

Cicero schätzt im Dialog mit dem Adressaten seines Briefs die Zweiheit, und zwar sowohl im Parallelismus wie in der Antithese:

> Si te **dolor** . . . aut **infirmitas** tenuit,
> **fortunae** magis quam **sapientiae** tribuo . . .
> **utrumque** laetor . . .
> et **sine dolore fuisse** et **animo valuisse**

Auch die Gliederung des ersten Satzes durch *si* . . . *sin* und die Kontrastierung *tu* . . . *illi* im zweiten gehört hierher.

Seneca zieht dem Parallelismus (z. B. *aliquid ex eo, quod conposui, turbatur; aliquid ex iis, quae fugavi, redit*) oft die mehrgliedrige Klimax vor:

> Nemo non aliquod nobis vitium aut commendat aut inprimit aut nescientibus adlinit.
> Avarior redeo, ambitiosior, luxuriosior, immo vero crudelior et inhumanior, quia inter homines fui.

In diesem zweiten Beispiel zielen nicht nur die vier gleichen Komparativausgänge auf Wirkung ab (,,Homoioteleuton"), sondern vor allem die zunehmende Länge der Satzglieder und die zunächst sperrig und unlogisch wirkende Aussage

> ,,inhumanior, quia inter homines fui".

Seneca wendet hier das rhetorische Mittel des Oxymoron an.

Sehr häufig begegnen Anaphern:

> **Quo** munimenta? **Quo** artes?
> **Quare** tam timide incurrit in ferrum, **quare** parum audacter occidit?
> **Quare** parum libenter moritur?

Dabei wird auch wieder deutlich, wie durch hart wirkende Wortverbindungen das Groteske und Widersinnige des Mordens im Zirkus herausgestellt wird: *parum libenter moritur* oder *interim iugulentur homines, ne nihil agatur* sind bezeichnende Beispiele dafür.

Insgesamt weist Senecas Brief eine starke innere Dramatik auf, während Cicero distanzierter, vielleicht sogar weniger engagiert als Seneca das glückliche Landleben seines Bekannten mit der matten Veranstaltung des Spurius Maecius so vergleicht, daß den ganzen Brief eine gewisse Behaglichkeit kennzeichnet – er will eben wirklich nur einem Bekannten mitteilen, daß er nichts versäumt hat; Seneca aber will aufrütteln, ja sogar provozieren.

5.10 Senecae sententiae ediscendae

Die folgenden Ausführungen Senecas über den Wert der Zeit, ausgewählt aus ep. ad Lucilium 1, sind so bedenkenswert und so gewandt aufgebaut, daß es sich lohnt, sie zu memorieren. Gehen Sie wieder wie S. 17, VII vor!

Ita fac, mit Lucili, vindica te tibi, et tempus, quod adhuc au-feret-atur aut sub-ripie-
batur aut ex-cidebat, collige et serva!

3 Persuade tibi hoc sic esse, ut scribo: quaedam tempora eripiuntur nobis, quaedam subducuntur, quaedam effluunt.

Turpissima tamen est iactura, quae per neglegentiam fit.

6 Et si volueris attendere, maxima pars vitae elabitur male agentibus, magna nihil
agentibus, tota vita aliud agentibus.

Quem mihi dabis, qui aliquod pretium tempori ponat, qui diem aestimet, qui intellegat

9 se cottidie mori?

In hoc enim fallimur, quod mortem prospicimus:

magna pars eius iam praeteriit.

12 Quidquid aetatis retro est, mors tenet.

Fac ergo, mi Lucili, quod facere te scribis, omnes horas complectere!

Sic fiet, ut minus ex crastino pendeas, si hodierno manum inieceris.

15 Dum differtur, vita transcurrit.

Omnia, Lucili, aliena sunt, tempus tantum nostrum est!

Bevor wir eine Übersetzung dieses *ediscendum*-Texts liefern, stellen wir einige Fragen, die bereits behandelte Bereiche überprüfen, sowie Aufgaben zur Stilanalyse.

G:

5) per neglegentiam: können Sie die Wendung in den größeren Zusammenhang des
Bedeutungsbereichs von *per* einordnen? Lesen Sie ggf. nochmals S. 96, *Z. 6*!

6) si volueris: haben Sie eine Erklärung für den Konjunktiv parat? Welche deutsche
Zeit werden Sie bei der Wiedergabe wählen?
↗ S. 74, *Z. 11*!

8) Sinnrichtung des konjunktivischen Relativsatzes?
↗ S. 99, *Z. 20*!

12) quidquid aetatis: Funktion des Genitivs?
    ↗ S. 89, *Z. 47*!

13) quod . . . scribis: welche Art von Relativsatz? Übersetzungsmöglichkeiten?
    ↗ S. 81!

15) Bedeutung von *dum* an dieser Stelle?
    ↗ S. 88, *Z. 32*!
    (Die Rückverweise sparen uns einen Lösungsteil!)

S:

1. Unterstreichen Sie bitte alle dreigliedrig aufgebauten Aussagen des Texts; sofern das dritte Glied breiter angelegt ist, verdoppeln Sie den Strich darunter (,,Gesetz der steigenden Glieder", ↗ S. 20!)

2. Wo finden sich Anaphern? Der Begriff ist gleichfalls auf S. 20 erläutert. Entdecken Sie auch das Gegenteil davon, die Epi-pher?

Lösungen zu S:

1. *1/2* auferebatur – subripiebatur – excidebat (Variatio im 3. Glied der Klimax: Aktiv statt Passiv)

   3/4 eripiuntur, subducuntur, effluunt (gleiche Variatio wie in *1/2*; der Satz erweist sich inhaltlich als Paraphrase des vorhergehenden. Dieses Spiel mit identischen Gedanken liebt Seneca; es erleichtert das Verständnis dieses Autors, wenn man sich darauf einstellt, daß er gerne mit verschiedenen Worten dasselbe sagt.)

   6/7 maxima pars vitae elabitur male agentibus, magna nihil agentibus, tota vita aliud agentibus (beachten Sie die Spannung, die durch die Entsprechung von Adjektiven und Adverbien bzw. Neutra erreicht wird:
   maxima pars: male – magna: nihil – tota: aliud)

   8/9 qui aliquod pretium tempori ponat, qui diem aestimet, qui intellegat se cottidie mori (drittes Glied länger, durch AcI)

2. *3/4* Anapher von *quaedam,* *8/9* von *qui*

   6/7 Epipher (Wiederholung desselben Worts am Schluß eines Satzabschnitts) von *agentibus*

Ü:

Mach's nur so[1], mein lieber Lucilius, nimm Dich für Dich selbst in Anspruch (mach Dich frei für Dich selbst) und sammle und bewahre (Hendiadyoin: geh sorgsam um mit . . .) die Zeit, die man Dir bisher raubte, unbemerkt *(sub-!)* wegnahm oder die Dir entglitt (unter den Händen zerrann). Du darfst überzeugt sein, daß es so ist, wie ich schreibe: einen bestimmten Teil unserer Zeit nimmt man uns gewaltsam, einen anderen entzieht man uns, ohne daß wir es bemerken, ein Teil schließlich zerrinnt uns unter den Händen („fließt davon").

Doch am schimpflichsten ist der (Zeit-) Verlust, der durch Nachlässigkeit (Gedankenlosigkeit) eintritt.

Und wenn Du nur einmal darauf achtest, (wirst Du feststellen): Der größte Teil unserer Zeit entgleitet uns, während wir etwas Verkehrtes treiben, ein großer auch beim Nichtstun, und letztlich unser ganzes Leben, während wir etwas anderes tun (als wir sollten).

Wen kannst Du (wirst Du) mir benennen (geben), der der Zeit irgendeinen Wert beimißt (einen solchen, daß er beimißt: Konsekutivsatz!), der den (einzelnen) Tag schätzt, der einsieht, daß er täglich stirbt (= dem Tod ein Stück näher kommt).

In dem Punkt nämlich täuschen wir uns, daß wir auf den Tod (als auf etwas Zukünftiges) blicken: ein großer Teil von ihm ist bereits vorbei (liegt schon hinter uns).

Was immer von unserer Lebenszeit schon abgelaufen ist (rückwärts liegt), das hat der Tod in seiner Gewalt.

Halte es also weiterhin so, mein Lucilius, wie Du schreibst (daß Du es tust), halte alle Stunden liebevoll fest *(complectere:* Imperativ I zu *complector, complexus sum).*

So wird es dahin kommen, daß Du weniger vom Morgen abhängig bist, wenn Du auf das Heute die Hand legst.

Während man es vor sich herschiebt, eilt unser Leben vorbei.

Alles, mein Lucilius, ist in fremder Hand („fremdbestimmt"); nur die Zeit gehört (ganz) uns!

---

[1] Die Übersetzung drückt aus, daß *ita fac* eine umgangssprachliche Wendung ist.
Kollegiaten kann die Aufgabe gestellt werden, in vorgelegten Texten dergleichen zu suchen!

5.11 Ein Trostbrief

Seneca Lucilio suo salutem
Moleste fero decessisse Flaccum, amicum tuum,
3 plus tamen aequo dolere te nolo. Illud, ut non
doleas, vix audebo exigere; et esse melius scio.
Sed cui ista firmitas animi continget nisi iam
6 multum supra fortunam elato? Illum quoque ista
res vellicabit, sed tantum vellicabit.
Nobis autem ignosci potest pro-lapsis ad lacri-
9 mas, si non nimiae de-cucurrerunt, si ipsi illas
repressimus. Nec sicci sint oculi amisso amico
nec fluant; lacrimandum est, non plorandum.
12 Duram tibi legem videor ponere, cum poetarum
Graecorum maximus ius flendi dederit in unum
dumtaxat diem, cum dixerit etiam Niobam de cibo
15 cogitasse. Quaeris, unde sint lamentationes,
unde in-modici fletus? Per lacrimas argumenta
desiderii quaerimus et dolorem non sequimur,
18 sed ostendimus; nemo sibi tristis est.
O in-felicem stultitiam! Est aliqua et doloris
ambitio!
21 „Quid ergo?" inquis, „obliviscar amici?" Brevem
illi apud te memoriam promittis, si cum dolore
mansura est: iam istam frontem ad risum quaeli-
24 bet fortuita res transferet. Non differo in longius
tempus, quo desiderium omne mulcetur, quo
etiam acerrimi luctus re-sidunt: cum primum te
27 observare desieris, imago ista tristitiae discedet.
Nunc ipse custodis dolorem tuum; sed custodienti
quoque elabitur eoque citius, quo est acrior,
30 desinit.
Scio per-tritum iam hoc esse, quod adiecturus
sum, non ideo tamen praetermittam, quia ab
33 omnibus dictum est: finem dolendi etiam, qui
consilio non fecerat, tempore invenit.
Turpissimum autem est in homine prudenti
36 remedium maeroris lassitudo maerendi: malo
relinquas dolorem quam ab illo relinquaris; et

2) **moleste** (hier): =aegre – **Flaccus, -i:** Name

5) **firmitas, -atis:** zu firmus, -a, -um

7) **vellicare** („rupfen", zu vellere): Unbehagen verursachen

11) **lacrimare:** zu lacrima - **plorare** („plärren"): stärker als lacrimare

14) **dumtaxat:** allerdings

14) **Nioba, -ae:** Niobe, die der Sage nach alle ihre Kinder verlor.
Es ist auf Homer, Ilias XIX 229 und XXIV, 602 ff. angespielt, wo Trauernde mit dem Hinweis getröstet werden, sogar Niobe habe bereits einen Tag nach dem Verlust ihrer vierzehn Kinder wieder Nahrung zu sich genommen.

15) **lamentatio, -onis:** vgl. „lamentieren" –

16) **fletus, -us:** zu flere

23) **risus, -us:** zu ridere

24) **fortuitus, -a, -um:** zu forte

25) **mulcere** =lenire

36) **maeror, -oris:** zu maerere – **lassitudo, -inis:** Erschöpfung, Müdigkeit

quam primum id facere desiste, quod, etiam si
39 voles, diu facere non poteris.

Annum feminis ad lugendum constituere maiores, non ut tam diu lugerent, sed ne diutius:
42 viris nullum legitimum tempus est, quia nullum
honestum. Quam tamen mihi ex illis mulierculis
dabis vix re-tractis a rogo, vix a cadavere
45 revulsis, cui lacrimae in totum mensem duraverint?

Nulla res citius in odium venit quam dolor, qui
48 recens consolatorem invenit et aliquos ad se
adducit, inveteratus vero de-ridetur, nec in-
merito; aut enim simulatus aut stultus est.

51 Haec tibi scribo, is qui Annaeum Serenum
carissimum mihi tam inmodice flevi, ut, quod
minime velim, inter exempla sim eorum, quos
54 dolor vicit. Hodie tamen factum meum damno et
intellego maximam mihi causam sic lugendi fuisse,
quod numquam cogitaveram mori eum ante
57 me posse. Hoc unum mihi occurrebat minorem
esse et multo minorem – tamquam ordinem fata
servarent!

60 Itaque adsidue cogitemus tam de nostra quam
omnium, quos diligimus, mortalitate.

Tunc ego debui dicere: „Minor est Serenus meus;
63 quid ad rem pertinet? Post me mori debet, sed
ante me potest." Quia non feci, in-paratum
subito fortuna percussit.

66 Nunc cogito omnia et mortalia esse et incerta
lege mortalia; hodie fieri potest, quidquid
umquam potest.

69 Cogitemus ergo, Lucili carissime, cito nos eo
perventuros, quo illum pervenisse maeremus; et
fortasse, si modo vera sapientium fama est re-
72 cipitque nos locus aliquis, quem putamus perisse,
praemissus est.

Vale!

43) mulier-cula, -ae: Demin. zu mulier,
-eris
44) rogus, -i: Scheiterhaufen
48) consolator, -oris: zu consolari
49) in-veteratus, -a, -um: zu vetus, -eris
51) Annaeus Serenus: ein Verwandter
Senecas

Zum Text: Für eine Abituraufgabe wäre dieser Seneca-Brief (ep. ad Lucilium 63) natürlich viel zu lang, doch ist
er inhaltlich sehr ergiebig; wir haben daher auf Kürzungen verzichtet.

Die Aufgaben zu diesem Text, die in in engem Zusammenhang mit der Thematik des 4. Leistungskurshalbjahrs (Curriculare Lehrpläne für die Kollegstufe in Bayern) stehen dürften, unterscheiden sich ein wenig von den bisher gelösten:
Bitte stellen Sie sich vor, Sie hätten den Text durch hilfreiche Anmerkungen für Leser mit wenig fundierten Lateinkenntnissen, aber ausgeprägten stilistischen Interessen zu erläutern!

Das, was wir von Ihnen verlangen, ist übrigens eines der Lernziele der Kollegstufe, dort umschrieben als ,,Erläuterung der Stelle durch eine Fußnote oder einen Klammerzusatz" (CuLP Latein, S. 1816).

Damit Sie es nicht zu schwer haben, geben wir die zu erläuternde lateinische Textstelle jeweils vor; an Ihnen ist es, zu entscheiden, was jeweils der Kommentierung bedarf, der Wortsinn (bisher **V**), die grammatikalische Seite (**G**) oder der Stil (**S**).

Wenn Sie Ihre Lösungen hier eingetragen oder auf einem Blatt festgehalten haben, können Sie sie mit unseren Vorschlägen vergleichen. Seien Sie dabei nicht frustriert, wenn Sie einige Male danebengetippt haben: diese Aufgabe ist nicht leicht!

Zeile:	Zu erläuternde Textstelle:
2)	decessisse:
3)	aequo:
4)	et:
6)	elato:
7)	vellicabit . . ., . . . vellicabit:
8)	prolapsis:
9)	si . . ., si . . .:
12)	duram tibi legem:
12–14)	cum . . . dederit – cum dixerit:
15/16)	unde . . ., unde . . .:
18)	sibi:
18–20)	nemo . . . tristis est – est aliqua ambitio:
20)	ambitio:
21)	,,Quid ergo?" inquis:
	obliviscar:
21/22)	Brevem illi apud te memoriam promittis:
25/26)	quo . . ., quo . . . :
27)	imago tristitiae:

33/34) etiam, qui ... non fecerat, ... invenit:

35/36) turpissimum ... remedium:

36)   malo:

36/37) relinquas ... relinquaris

41)   sed ne diutius:

43)   muliercula:

44/45) vix retractis a rogo, vix a cadavere revulsis:

45/46) cui ... duraverint:

47)   in odium venire:

48/49) recens – inveteratus:

53)   inter exempla esse:

57)   occurrebat:

57/58) minorem et multo minorem:

58/59) tamquam ... servarent:

60/61) quam omnium ...:

67/68) hodie fieri potest, quidquid umquam potest:

70)   quo illum pervenisse maeremus:

71)   fama:

72/73) quem putamus perisse, praemissus est:

Lösungen der „Anmerkungsaufgaben":

Zeile: Erwünschte Erläuterung:

2)   decedere („heimgehen, scheiden") steht hier statt des als härter empfundenen *mori*; eine solcherart verharmlosende Ausdrucksweise bezeichnet man als Euphemismus.

3)   Abl. comparationis, abhängig von *plus:* mehr als recht ist

4)   et hat hier eine seltene Sonderbedeutung: und doch

6)   elato (zu *ef-ferre*) ist (ebenso wie *cui*) als Dativ abhängig von *continget; elatus* bezeichnet einen, der erhaben ist über – nämlich *super fortunam*, und zwar *multum* (weit)

7)   Epipher; ↗ S. 103, Stilaufgabe 2!

8)   Perfekt-Partizip zu *pro-labi:* sich hinreißen lassen; bezogen auf *nobis*, kondizionaler Sinn: „man wird uns verzeihen, wenn wir uns zu Tränen hinreißen lassen"

9) Anapher; ↗ S. 20!

12) **duram** tibi **legem**: hier ist die Sperrung zu beachten (das Hyperbaton)

12–14) cum . . . dederit: während sogar . . ., wo doch selbst; das (seltene) *cum* adversativum (während dagegen) bringt einen starken Kontrast zum Ausdruck

cum . . . dixerit: indem er berichtet . . .; diesmal liegt *cum* explicativum vor; der Konjunktiv ist durch Angleichung des Modus an den vorangehenden Satz bedingt.

15/16) Anapher

18) sibi: für sich allein (Dat. commodi)

18/20) nemo . . . ambitio: gegenläufiger Aufbau der Sätze (Chiasmus)
(nemo tristis est – est aliqua ambitio)
soll die innere Spannung der Aussagen erhöhen.

20) Sinn: sogar mit seinem Schmerz kann man renommieren – also: Angeberei, Kokettieren

21) Hier wird ein fiktiver Gesprächspartner eingeführt, der eine Zwischenfrage stellen darf. Dies geschieht nur zu dem Zweck, einen möglichen Einwand des Lesers von vornherein gar nicht aufkommen zu lassen; in Gerichtsreden erlaubt die gleiche Technik der *occupatio* (Vorwegnahme) die Erledigung denkbarer gegnerischer Argumente.

21/22) brevem . . . memoriam: Sperrung (Hyperbaton), ebenfalls zur Erhöhung der inneren Spannung, die für Senecas Stil sehr kennzeichnend ist. – *obliviscar:* soll ich . . .? (Deliberativ)

25/26) Anapher

27) „Bild der Traurigkeit" ist weniger deutlich als „vorgetäuschte Traurigkeit; wir setzen entsprechend den Beispielen auf S. 96 *imago tristitiae = simulata tristitia*

33/34) die Ergänzung eines Demonstrativums ist von Nutzen: *etiam is, qui . . .*

35/36) auffällig weite Sperrung (Hyperbaton); übungsbuchmäßig geordnet sähe der Satz so aus:

Lassitudo	maerendi		turpissimum	remedium	maeroris est
Subj.	Gen. Obj.		Attribut	Präd. Nom.	Gen. Obj.
				Prädikatsgruppe	

36) malo: von *malle* (lieber wollen)

36/37) konjunktionslose Konjunktive statt eines Objektsinfinitivs; vgl. *oportet tacere – oportet taceas.*
Stilistisch bemerkenswert ist die Wiederholung des Verbs unter Veränderung der Beugungsform.

41)   verkürzter, prädikatsloser Gliedsatz; zu ergänzen ist *lugerent*.

43)   die Verkleinerungsform drückt unter Umständen auch Anteilnahme aus: „die bedauernwerten Frauen", oft nicht ohne leichte Ironie; vielfach verdrängten die Deminutiva in den romanischen Sprachen die unverkleinerten Formen des Lateinischen; vgl. ital. fratello (Bruder) aus lat. *fratellus* (Brüderchen)

44/45)   abgesehen von der Anapher *(vix)* fällt hier eine Überkreuzstellung (Chiasmus) auf:

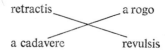

45/46)   konsekutiver Sinn des Relativsatzes, daher Konjunktiv (eine solche Frau), daß bei ihr . . . anhielten

47)   eigtl. „verhaßt werden" (Passivsatz für *odisse*), hier etwa: „langweilig werden"

48/49)   der temporale Aspekt der auf *qui (dolor)* bezogenen Adjektiva ist herauszuarbeiten:
solange er noch frisch ist – wenn er geraume Zeit überdauert hat (eigtl. „alt geworden, eingewurzelt ist")

53)   „man führt mich als Beispiel an", „ich diene als Beispiel"

57)   iteratives Imperfekt: immer wieder führte ich mir vor Augen

57/58)   Epipher; *minor* weist hier auf den Altersabstand: vgl. Plinius Minor (Plinius der Jüngere)

58/59)   konjunktivischer Vergleichssatz: als ob das Schicksal (eigtl. Plural) auf die Reihenfolge achtete

60/61)   ergänzen wir *de* und stellen um: *de omnium mortalitate*

67/68)   Epipher *(potest)*

70)   quo: wohin – komplizierte relative Verschränkung, wörtl.: wohin/daß er gegangen ist/wir trauern;
sinngemäße Umformung: wohin er, den wir betrauern, gelangt ist oder: wohin er zu unserer Trauer nun gelangt ist.

71)   fama (hier): Meinung, Ansicht

72/73)   ergänze aus *quem* (gemeint ist der Verstorbene) als Subjekt des Satzes *is*; *quem perisse putamus:* verschr. Rel.-Satz; beachte das Wortspiel *perisse – praemissus* (Anklang – Assonanz)

Ü:

Seneca grüßt seinen Lucilius

Es tut mit leid, daß Dein Freund Flaccus dahingegangen ist, doch möchte[1] ich (will ich) nicht, daß Du ihn übermäßig betrauerst (mehr als recht ist Schmerz empfindest). Daß Du überhaupt keinen Schmerz empfindest (Jenes, daß Du nicht . . .), wage (eigtl. Futur) ich kaum zu verlangen; und doch weiß ich, daß es besser wäre[1] (ist). Aber wem wird solche (diese) Geistesstärke zuteil (werden) außer einem, der schon hoch (viel) über das Geschick erhaben ist?[2] Auch ihm wird ein derartiges Ereignis Unbehagen verursachen, aber eben nur Unbehagen.

Uns jedoch kann man es nachsehen, wenn wir uns zu Tränen hinreißen lassen[3], wenn sie nicht zu reichlich fließen (wenn nicht zu viele herabgeflossen sind), wenn wir sie selbst zum Versiegen bringen (sie unterdrückt haben). Beim Verlust eines Freundes sollten die Augen nicht trocken bleiben (sein), aber auch nicht (in Tränen) schwimmen (fließen); man darf weinen, nicht heulen.

Es sieht so aus (ich scheine), als erlegte ich Dir ein hartes Gesetz auf, während doch sogar der größte unter den griechischen Dichtern das Recht zu weinen – allerdings für einen Tag – zugestand, indem er sagte, daß auch Niobe (nach Ablauf eines Tages) an Speise dachte. Du fragst, woher (dann) das Wehklagen stamme, woher die maßlosen Tränen? Diese dienen uns als Beweismittel unseres Schmerzes (durch die Tränen suchen wir Beweismittel für unseren Schmerz), und wir geben uns nicht dem Schmerz hin (folgen . . .), sondern stellen ihn zur Schau; niemand ist für sich allein traurig. Was für eine unglückliche Torheit! Es gibt sogar eine Art Angeberei mit dem Schmerz! „Was (soll ich) also (tun)?" wirfst Du ein, „soll ich meinen Freund vergessen? Du stellst ihm ein(e kurze Erinnerung) kurzes Gedenken (bei Dir) in Aussicht, wenn es (sie) nur so lange dauern soll wie der Schmerz (zugleich mit dem Schmerz bleiben wird); bald (schon) wird diese Deine Stirn irgendein zufälliges Ereignis aufheitern (zum Lächeln bringen).

Ich vertröste Dich nicht auf die fernere Zukunft, in der jede Sehnsucht an Kraft verliert (gelindert wird), in der sogar die heftigste Trauer (eigtl. Plural) nachläßt: sobald Du Dich nicht mehr beobachtest, (aufhörst, Dich zu beobachten), wird jene vorgetäuschte Traurigkeit verschwinden. Nun gibst Du selbst auf Deinen Schmerz acht; aber auch wenn man über ihn wacht, entzieht er sich und hört desto rascher auf, je heftiger er ist.

---

[1] Deutscher Konjunktiv ist hier der indikativischen Ausdrucksweise vorzuziehen; S. 39, *Z. 21*! (Realis)
[2] Die Frage ist als rhetorisch aufzufassen (es wird keine Antwort erwartet) und entspricht einer Formulierung mit *nemini . . . nisi*; eine freiere Übersetzung „. . . wird nur dem zuteil, der . . ." ist zu erwägen; zu Verneinung + *nisi* S. 37, *Z. 9*!
[3] eigtl. Vorzeitigkeit: „haben hinreißen lassen"; das lat. Perfekt konstatiert den Eintritt des Ereignisses, wir betonen eher die Andauer.

Ich weiß, daß das, was ich noch sagen möchte (hinzufügen will), äußerst abgedroschen[1] ist; ich will es trotzdem nicht deshalb übergehen, weil es alle im Munde führen (es von allen gesagt worden ist): mit der Zeit findet auch derjenige ein Ende seines Schmerzes, der es mit Überlegung nicht schaffte.

Bei einem vernünftigen Menschen ist es jedenfalls das jämmerlichste Mittel gegen den Schmerz, die Trauer sich selbst erschöpfen zu lassen (ist die Erschöpfung der Trauer das . . .); lieber ist es mir, wenn Du von Deinem Schmerz abläßt als wenn er von Dir abläßt; höre auch möglichst schnell damit auf, was Du, selbst wenn Du wolltest (wollen wirst), nicht lange durchhältst (nicht lange wirst tun können).

Die Alten (Ahnen) setzten für die Frauen ein Trauerjahr fest (zur Trauer), nicht, daß sie so lange trauerten, sondern damit sie (sich) nicht länger (ihrem Schmerz hingäben).

Für Männer gibt es keine durch den Brauch bestimmte (gesetzmäßige) Zeit, weil keine sittlich vertretbar (ehrenhaft) ist. Doch welche von diesen bedauernswerten Gattinnen, die man kaum vom Scheiterhaufen wegzerren, kaum losreißen konnte von der Leiche, (welche) kannst Du mir zeigen (wirst . . . geben), (bei) der die Tränen (auch nur) einen vollen Monat gedauert hätten?

Nichts wird eher langweilig als der Schmerz, der, so lange er noch frisch ist, (einen) Tröster findet und den einen oder anderen auf sich aufmerksam macht (irgendwelche zu sich heranführt), jedoch, wenn einige Zeit vergangen ist (er alt geworden ist), Anlaß zu Spott gibt (verlacht wird), und das nicht unverdient[2]; er ist nämlich entweder vorgetäuscht oder töricht.

Dies schreibe ich Dir, der ich meinen besten Freund Annaeus Serenus so maßlos beweinte, daß ich, was mir ganz und gar nicht recht ist, als Beispiel eines vom Schmerz überwältigten Menschen gelte (unter die Beispiele derer gerechnet werde, die der Schmerz überwältigte). Heute freilich verurteile ich mein (damaliges) Verhalten und sehe ein, daß der wichtigste Grund für solche Trauer (so zu trauern) darin bestand, daß ich nie bedacht hatte, er könne vor mir sterben. Der eine Gedanke (dies) trat mir immer wieder vor Augen, daß er jünger sei und zwar viel jünger – als wenn das Schicksal sich an eine Reihenfolge (Ordnung) hielte!

Denken wir daher beständig an die Sterblichkeit von uns selbst und derer, die wir lieben (an unsere eigene . . . und die derer . . .). Damals hätte ich sagen sollen (Realis!): „Mein lieber Serenus ist jünger; doch was hat das zu besagen? (was tut das zur Sache); er müßte eigentlich (Realis!) nach mir sterben, er kann aber vor mir (dahingehen)." Weil ich das nicht tat, traf mich das Schicksal plötzlich (und) unvorbereitet.

---

[1] tritus, -a, -um: PPP zu *tero, trivi; per* verstärkt wie z.B. in *per-multi, per-pauci, per-beatus*
[2] doppelte Verneinung (Litotes), die auch durch eine kräftige positive Formulierung ausgedrückt werden kann: „mit vollem Recht"

Jetzt denke ich daran, daß alles (sowohl) sterblich ist und in seiner Sterblichkeit einem ungewissen Gesetz unterworfen (nach einem ungewissen Gesetz sterblich); alles, was irgendwann einmal geschehen kann, kann bereits heute eintreten.

Denken wir also, mein teuerster Lucilius, daran, daß wir rasch dorthin kommen können, wohin – wir trauern deshalb – jener gelangt ist; vielleicht wurde er, wenn die Meinungen weiser Männer richtig sind und irgendein Ort uns aufnimmt, vorausgeschickt, er, den wir gestorben glauben.

Leb wohl!

I:

(Zusätzliche Interpretationsaufgabe für Kollegiaten, die sich im 4. Halbjahr des Leistungskurses mit Fragen der menschlichen Existenz auseinandergesetzt haben)

Der folgende Abschnitt aus Marguerite Yourcenar, Ich zähmte die Wölfin. Die Erinnerungen des Kaisers Hadrian (Deutsche Verlags-Anstalt Stuttgart 1954, dt. Übersetzung von Fritz Jaffé), S. 225f. zeigt den Kaiser unter dem Eindruck des Verlusts eines lieben Freundes. Bitte vergleichen Sie den Text mit Senecas Brief und suchen Sie die abschließend gestellten Leitfragen zu beantworten!

,,. . . Noumenios ließ mir eine regelrechte consolatio zugehen, in der kein Gemeinplatz fehlte; ich las eine ganze Nacht daran. Die lahmen Trostversuche, die der Mensch gegen den Tod aufführt, ließen sich auf zwei Zeilen bringen: einmal bezeichnet man ihn als unvermeidliches Übel, vor dem weder Jugend, noch Schönheit, noch Liebe schützt, dann will man uns wieder weismachen, daß das Leben mit seinem Leide schlimmer sei als der Tod, weswegen im Grunde glücklich zu preisen sei, wer jung stirbt. Solche Weisheiten sind eher zum Verzweifeln als tröstlich. Aber unsere Philosophen nahmen es nicht genau, sie merkten nicht einmal, wie sehr der zweite Gedanke dem ersten widerspricht. Es war ihnen nicht mehr darum zu tun, daß wir lernen sollten, uns in den Tod zu fügen, sondern darum, ihn überhaupt zu leugnen. Von Wert war nur die Seele; man hatte die Stirn, die Unsterblichkeit dieser unbestimmten Sache, die niemand je ohne den Körper ihren Dienst tun sah, als Tatsache hinzustellen, bevor man ihr Vorhandensein erwiesen hatte.

Ich war dessen weniger gewiß. Wenn andere unwägbare Wirklichkeiten, wie das Lächeln, der Blick, die Stimme, zu sein aufhörten, weshalb nicht auch die Seele? Sie dünkte mich nicht unbedingt unkörperlicher als die menschliche Wärme. Man wandte dem Leib, sobald er die Seele ausgehaucht hatte, den Rücken, und doch war die Hülle das einzige, was mir blieb, der einzige Beweis, daß der Verstorbene gelebt hatte. . . .

Man sprach von Ruhm. Ein schönes Wort, das das Herz höher schlagen läßt. Was aber berechtigt dazu, die Grenzen zwischen ihm und der Unsterblichkeit trügerisch zu verwischen, als könnte das Andenken an ein Geschöpf seine Gegenwart ersetzen!

Mich empörte die menschliche Sucht, Tatsachen über Annahmen zu vergessen und Träume für mehr zu halten als Träume. Da faßte ich meine Pflicht als Überlebender anders auf! Hatte ich nicht den Mut, den Tod dieses Jünglings mir klar mit all seinen Erscheinungen vor Augen zu halten, den erkalteten stummen Leib, das geronnene Blut, die erstarrten Glieder, die der Mensch so rasch mit Erde und geheucheltem Schmerz zudeckt, dann war er vergebens gestorben. Mir war es lieber, mich durch das Dunkel zu tasten, als trübe Lämplein zu entzünden. Ich spürte, wie man in meiner Umgebung allmählich an der Fortdauer meines Schmerzes Anstoß nahm, wobei man mehr seine Heftigkeit als seinen Gegenstand mißbilligte. Hätte ich mich beim Tode eines Bruders oder Sohnes zu den gleichen Klagen hinreißen lassen, hätte man mir ebenso vorgeworfen, daß ich wie eine Frau weinte. Das Gedächtnis der meisten Menschen gleicht einem verlassenen Friedhof, wo Tote, die niemand mehr liebt, unbetreut ruhn. Jede anhaltende Trauer kränkt die Vergeßlichkeit der Hinterbliebenen.

Leitfragen:

1. In welchen wesentlichen Punkten ergeben sich Übereinstimmungen zwischen den Aussagen des Senecabriefs und denen der (fingierten) Memoiren Hadrians?

2. Welche in dem Romanauszug angesprochene philosophische Ansicht bleibt bei Seneca unerwähnt?

3. Ist Ihnen ein berühmter antiker Novellenstoff bekannt, der jene von „Hadrian" abgelehnte Meinung ausschmückend gestaltet?

4. Welcher philosophischen Schule scheint der „Hadrian" Marguerite Yourcenars im Hinblick auf das Weiterleben der Seele nach dem Tode verpflichtet?
   Erläutern Sie die Vorstellungen, die Platon, die Stoiker und die Epikureer in diesem Punkte vertraten!

5. Das folgende Gedicht ist unter dem Namen des Hadrian überliefert und wahrscheinlich echt:

   Animula vagula blandula,
   hospes comesque corporis,
   3 quae nunc abibis in loca
   pallidula, rigida, nudula,
   nec, ut soles, dabis iocos
   . . . .

   1) **animula, -ae:** zu anima – **vagulus, -a, -um:** zu vagari – **blandulus, -a, -um:** zu blandus

   4) **pallidulus, -a, -um:** zu pallidus, -a, -um: blaß – **rigidus, -a, -um:** =frigidus, -a, -um – **nudulus, -a, -um:** zu nudus, -a, -um

Welche Bilder vom Weiterleben der Seele lassen sich ihm entnehmen?
Wo finden wir in der Antike vergleichbare Aussagen?

6. Vergleichen Sie die schriftstellerische Ausgangssituation Senecas und „Hadrians"; worin liegt der wesentliche Unterschied?

7. Weswegen schildert Seneca am Ende seines Briefs, wie er selbst sich beim Tode eines Freundes verhalten hat?

Lösungsbeispiele:

(Da Interpretationsaufgaben je nach der Intensität der vorangegangenen Beschäftigung mit dem Thema und nach der verfügbaren Zeit sehr unterschiedlich gelöst werden können, beschränken wir uns auf knappe, zum eigenen Weiterdenken anregende Hinweise)

1. Beiden Texten ist zu entnehmen, daß es römischer Konvention entsprach, lang gezeigten, heftigen Schmerz als anstößig zu empfinden; allenfalls Frauen billigt man eine gewisse Zeit des Trauerns zu.
   Senecas Trostschrift argumentiert in der Richtung, daß der Tod ein „unvermeidliches Übel" sei, „vor dem weder Jugend noch Schönheit ... schützt"; daß „Hadrian" mit gleichen Aussagen konfrontiert wurde, zeigen die eben zitierten Stellen.

2. Die Behauptung, glücklich zu preisen sei, wer jung sterbe, findet sich bei Seneca nicht, während die Frage nach der Unsterblichkeit der Seele zumindestens andeutend gestellt wird.

3. „Nicht geboren zu werden, ist für den Menschen das beste; wenn er aber geboren ist, dann ist es das Zweitbeste, möglichst rasch den Pforten der Unterwelt zuzueilen." (Sophokles, Oidipus auf Kolonos 1224f.)
   Diese zutiefst lebensfeindliche Aussage paraphrasieren angesehene Dichter der griechischen Klassik, und Herodot übernimmt sie teilweise in der berühmten Erzählung von Kroisos und Solon, in der der athenische Weise zwei junge Männer als die zweitglücklichsten Menschen erwähnt, weil ihnen auf Bitten ihrer Mutter, einer Priesterin, die Götter gegeben hätten, was für den Menschen das beste sei: die beiden schliefen im Tempel ein – für immer.

4. „Hadrians" Zweifel am Fortleben der Seele und der erkennbare Versuch, sie, wenn auch nicht als etwas Materielles, so doch als „unwägbare Wirklichkeit", entsprechend der Stimme, dem Lächeln – und damit als etwas vom Körper ausgehendes – anzusehen, rücken ihn in die Nähe der Lehre Epikurs.
   Dieser geht davon aus, daß die Seele als Atomgebilde gleich dem Körper im Augenblick des Todes zerfällt, so daß uns „der Tod nichts angeht", weil wir nicht mehr sind, wenn er „ist", also Macht über uns gewonnen hat.

Die Stoiker betrachteten die Seelen als Teil des feurigen Weltgeistes, zu dem sie nach dem Tode zurückkehren; ihr Weiterleben ist somit nur bedingt als individuell zu sehen (wie es etwa Cicero im somnium Scipionis tut), eher als kollektives Fortexistieren. Nach Platons Ansicht sind die Seelen aufgrund eines Verschuldens aus dem Reich der Ideen in die Körperlichkeit verbannt, haben aber die Möglichkeit, nach einem langen Läuterungsprozeß in jene höheren Sphären zurückzukehren. Platon verbindet die schon bei den Orphikern, aber auch bei vorsokratischen Philosophen wie Empedokles vorhandene Vorstellung vom Leib als Gefängnis oder gar Grab der Seele *(soma sema)* mit den Lehren der Pythagoreer von einer Wanderung durch verschiedene Körper und den Ansichten der Dichter über Totengericht und Unterwelt.

5. Die Vorstellung, daß die Seele an kalte, düstere Orte zu gehen habe, entspricht den bei Griechen und Römern sowohl in der Dichtung (Homer, aber auch Horaz) wie wohl auch im Volksglauben verbreiteten Meinung, die Unterwelt sei ein freudloser, riesiger Raum, in dem die Seelen gleich Fledermäusen schwirrend ohne Bewußtsein ihrer selbst nur ein scheinbares Dasein führten.

In seinen Gedichten, die zum Lebensgenuß auffordern, bringt Horaz mehrfach das Kontrastbild jenes freudlosen Weitervegetierens.

6. Seneca schreibt eine *consolatio,* ,,Hadrian‟ wird als Empfänger einer solchen dargestellt; daß Seneca die Banalität häufig gebrauchter Trostworte spürt, zeigen die Zeilen *31 ff. (pertritum esse . . . ab omnibus dictum est)*; verständlicherweise schärfer sieht der Empfänger einer solchen Tröstung, daß ihr unter Umständen ,,kein Gemeinplatz fehlt‟, daß es nur ,,lahme Trostversuche‟ sind.

Es ist infolgedessen recht geschickt von Seneca, daß er sich mit dem Tod als etwas Unvermeidlichen nur kurz auseinandersetzt und im übrigen der Frage nach der Berechtigung heftiger Trauer einen breiten Raum widmet.

7. Der Hinweis, daß er selbst Gleiches bereits durchgestanden habe wie nun sein Freund, verleiht Seneca eine größere ,,Kompetenz‟, der Umstand, daß er in die gleichen Fehler verfiel, die er nun kritisiert, macht die Kritik akzeptabler als wenn sie von einem Übermenschen käme ,,*multum supra fortunam elato*‟.

5.12 Elementa repetenda

Dies ist wieder eine Folge vermischter Übungen zur Reorganisation des Unerläß-
lichen; die Lösungen sind am Schluß zusammengefaßt.

I. Die folgenden Formen lassen sich jeweils auf zwei oder mehr Ausgangswörter
zurückführen:

caro – ferri – vita – eam – iudici – arcui – soli – valli – auri

II. Bestimmen aus dem Kontext ist viel einfacher – wir bieten diesmal einige Satz-
kreuzungen an, in denen, je nach der Leserichtung der Wörter, eines in unterschiedlicher Bedeutung begegnet:

a)   Mea
                  consulis
Homerum opera condidisse immortalia constat.
                  e
                  pernicie
                  servata
                  est.
                  civitas

                         Viventes
b) Nostri agmen hostium a latere   aperto aggressi reiecti sunt.
                         Epicurus
                         disciplinam
                         suam
                         secutos
                         docuit.

III. Welche vom jeweils gleichen Stamm gebildeten Wörter fallen Ihnen ein?

gradus – mens – domus – ruere – punire – suavis – necesse

IV. Wortfeld **vitia** – bitte stellen Sie möglichst viele schlechte Eigenschaften (Substantive und Adjektive!) zusammen!

V. Bestimmen Sie die Funktion der Genitive in den folgenden Sätzen!

a) Errare malo cum Platone, quem quanti tu facias scio.

b) Nihil invenies in isto homine pudoris, nihil modestiae!

c) Minoris animi dux tunc certe desperavisset.

VI. Trainieren Sie bei dem folgenden Text aus VALERIUS MAXIMUS, Facta et dicta memorabilia I 1, 12, die Verbindung von konstruktiver Analyse und Erfassen des Sinns mit dem Ziel, vor der Übersetzung folgende Zwischenergebnisse zu gewinnen:

a) Übersicht über den Aufbau des langen Mittelsatzes durch Wegklammern, Bestimmung der Subjekte/Prädikate und der wichtigsten Abhängigkeiten.

b) Darstellung des Inhalts in Stichworten.

Kein Platz für weise Lehren

Magna conservandae religionis apud maiores nostros cura acta est, si quidem sub Ianiculo
3 agricolis terram altius versantibus duabus arcis lapideis repertis, quarum in altera scriptura indicabat corpus Numae Pompilii fuisse, in altera libri
6 re-conditi erant Latini septem de iure pontificum septemque Graeci de disciplina sapientiae, Latinos magna diligentia servandos curaverunt,
9 Graecos, quia aliqua ex parte ad solvendam religionem pertinere existimabant, praetor ex auctoritate senatus facto igne in conspectu populi
12 cremavit.
Noluerunt enim prisci viri quicquam in hac conservari civitate, quo animi hominum a cultu de-
15 orum observando a-vocarentur.

2) **Ianiculum, -i:** einer der Hügel Roms
3) **arca, -ae:** Kiste, Truhe
5) **Numa Pompilius:** sagenhafter römischer König

Lösungen:

I. caro: Dat./Abl. Sg. m/n zu *carus* – Nom. Sg. zu *caro, carnis:* Fleisch
ferri: Gen. Sg. zu *ferrum* – Inf. Präs. Pass. zu *ferre*
vita: Imp. Präs. zu *vitare:* meiden – Nom./Abl. Sg. zu *vita, -ae*
eam: Akk. Sg. f zu *is / ea / id* – 1. Pers. Konj. Präs. Akt. zu *ire*
iudici: Dat. Sg. zu *iudex, -icis* (Richter) – Gen. Sg., verkürzt statt *iudicii,* von
  iudicium, -i: Urteil, Gericht
arcui: Dat. Sg. zu *arcus, -us:* Bogen – 1. Pers. Sg. Ind. Perf. Akt. zu *arcere:*
  abhalten
soli: Dat. Sg. zu *solus, -a, -um:* allein – Dat. Sg. zu *sol, solis:* Sonne – Nom. Pl. m
  zu *solus, -a, -um* – Gen. Sg. zu *solum, -i:* Boden, Erdboden
valli: Gen. Sg. zu *vallum, -i:* Wall – Dat. Sg. zu *vallis, -is:* Tal
auri: Gen. Sg. zu *aurum, -i:* Gold – Dat. Sg. zu *auris, -is:* Ohr

II. a) senkrecht: „Dank meiner Anstrengung als Konsul wurde der Staat aus dem Verderben gerettet" (Nur Cicero bringt dergleichen über die Lippen): *opera*=Abl. Sg. zu *opera, -ae:* Mühe

waagrecht: „Bekanntlich hat Homer unsterbliche Werke geschaffen": Akk. Pl. zu *opus, -eris:* Werk

b) senkrecht: „Epikur lehrte die, die sich seiner Schule anschlossen, im Verborgenen zu leben" (wörtl.: lebend verborgen zu sein) – Verb *latēre*

waagrecht: „Obwohl unsere Leute das feindliche Heer an der offenen Flanke angriffen, wurden sie zurückgeschlagen": *latus, -eris:* Seite

III. gradus, -us   (Schritt) ist verwandt mit *gradior* (schreiten); davon die Komposita *ingredi, egredi, aggredi* (s.o.!), *congredi, regredi.*

mens, -ntis   (Verstand) findet sich in den Adjektiven *a-mens* und *de-mens* (verrückt), den zugehörigen Substantiven *amentia* und *dementia* sowie in *mentiri* (lügen, eigtl. er-sinnen, ausdenken) und *commentari* (erläutern, abhandeln); dazu *commentarius, -i* (z.B. *de bello Gallico*)

domus, -us   (Haus) hat eine weite Verwandtschaft: *domicilium, -i* (Behausung), *dominus, -i* und *domina, -ae,* davon *dominatio, -onis* und *dominatus, -us* (beide Herrschaft), *dominari* (herrschen), *domesticus, -a, -um* (häuslich) und *domare* (zähmen, eigtl. „ans Haus gewöhnen")

ruere   (stürzen) bildet die Komposita *ir-ruere, cor-ruere* und teilt seinen Stamm mit dem Substantiv *ruina, -ae* (Einsturz)

punire   (strafen) ist zu verbinden mit dem Adverb *impune* (straflos, dazu *impunitas*) und dem Substantiv *poena, -ae*

suavis, -e   (lieblich, angenehm) hängt mit *suadere* (raten, eigtl. „angenehm machen") und *persuadere* (überreden, überzeugen) zusammen

necesse   (nötig, notwendig): dazu gehören *necessarius, -a, -um, necessitas, -atis* (Notwendigkeit, Notlage, Zwang), *necessitudo, -inis* (Notlage enges Verhältnis, Verwandtschaft)

IV. Wortfeld „vitia"

ambitio, -onis (Ehrgeiz, Liebedienerei), teilsynonym mit ambitus, -us; dazu ambiti-osus, -a, -um; arrogantia, -ae (Anmaßung), dazu arrogans, -ntis; audacia, -ae (Frechheit, Verwegenheit), dazu audax, -acis; avaritia, -ae (Habsucht, Gewinnstreben), dazu avarus, -a, -um und avidus, -a, -um (begehrlich); crudelis, -e (brutal), dazu crudelitas, -atis; cupiditas, -atis und cupido, -inis (Begierde), dazu cupidus, -a, -um; desidia, -ae (Trägheit) – das Adj. deses, desidis ist selten; falsus, -a, -um (betrügerisch); ignavia, -ae (Feigheit), dazu ignavus, -a, -um; inanis, -e (eitel, prahlerisch); iners, -ertis (ungeschickt, träge); iniquus, -a, -um und iniustus, -a, -um (ungerecht), dazu iniuria, -ae (mangelndes Rechtsgefühl); insidiae, -arum (Hinterlist); insolens, -ntis (frech, unanständig), dazu insolentia, -ae; invidia, -ae (Mißgunst, Neid); iracundia, -ae (Jähzorn), dazu iracundus, -a, -um; libido, -inis (Zügellosigkeit); licentia, -ae (Willkür); luxuria, -ae (Verschwendungssucht); odium, -i (Haß, Gehässigkeit), dazu odiosus, -a, -um; opinio, -onis (Vorurteil); otiosus, -a, -um (untätig, müßig), dazu otium, -i (Müßiggang); pavidus, -a, -um (ängstlich), dazu pavor, -oris (Ängstlichkeit); perfidia, -ae (Treulosigkeit), dazu perfidus, -a, -um; perversus, -a, -um (töricht); piger, -ra, -rum (verdrossen, faul), dazu pigritia, -ae; popularis, -e (demagogisch); religio, -onis (ängstliche Bedenken); rusticus, -a, -um (bäurisch); sordidus, -a, -um (geizig); stultitia, -ae (Torheit), dazu stultus, -a, -um; superbus, -a, -um (stolz), dazu superbia, -ae; tardus, -a, -um (träge); timidus, -a, -um (furchtsam), dazu timor, -oris; vanus, -a, -um (eitel, hohl); varius, -a, -um (schillernd, charakterlos, unzuverlässig); vehemens, -ntis (heftig, unbeherrscht)

In dieses Wortfeld wurden nur die besonders passenden deutschen Bedeutungen aufgenommen; Begriffe, die eher den Bereichen *nefas, flagitium, scelus* zuzuordnen sind, blieben unberücksichtigt; das häufigere Wort steht jeweils voran (Subst. oder Adj.).

Es liegt auf der Hand, daß ein so umfangreiches Wortfeld aus dem Gedächtnis kaum zu erstellen ist; man benützt daher zweckmäßigerweise die Wortkunde (wir haben es auch getan!) und liest sie, wenn auch murrend, kursorisch durch, wobei man auf *vitium*-verdächtige Begriffe achtet. Das ist im ganzen interessanter als reines „Lernen", weil man ein Ziel vor Augen hat, geht rascher und vermittelt dank dem „Lexikoneffekt" (↗S. 15!) unter der Hand eine wirksame Breitenwiederholung.

V. a) Ich will lieber mit Platon einen Irrtum begehen; ich weiß ja, **wie hoch** du ihn schätzt (Cicero)

Gen. pretii, eingebaut in einen auf Plato bezogenen, mit einer indirekten Frage verschränkten Relativsatz:

„von dem ich weiß, wie hoch . . ."
„den du, wie ich weiß, hoch . . ."
„den du meines Wissens hoch . . ." (S. 81!)

b) Bei diesem Kerl wird man (wirst du) kein Schamgefühl, keine Zurückhaltung finden.

Gen. partitivus (S. 89, *Z. 47!*)

c) Ein weniger mutiger Heerführer (ein H. geringeren Mutes) hätte damals bestimmt die Hoffnung aufgegeben.

Gen. qualitatis; das Genitivattribut erscheint in der gleichen Funktion wie ein Adjektiv, deshalb kann u. U. ein Gen. qualitatis auf gleicher Ebene mit Adjektiven erscheinen:

Quod oppidum potuit eligere aut amicius rei publicae aut firmius aut fideliorum civium?

Welche Stadt hätte (Realis!) er auswählen können . . .

(die Formulierung fällt nun zunehmend schwerer, doch wenn man das eben Gesagte überdenkt, dann ist erklärt, daß es keine Stadt gab, die

1. dem Staat freundlicher gesonnen war

2. besser befestigt war

(Gen. qual.) 3. über zuverlässigere Bürger verfügte)

VI. a) Wegklammern:

Subj. Präd.
Magna . . . cura acta est, (si quidem ⟨agricolis . . . versantibus⟩ ⟨duabus arcis . . .

Subj. Präd.
repertis⟩ (²quarum in alterā scriptura indicabat [corpus . . . fuisse], quarum

Subj. Präd.   (ergänzt)
in altera libri erant . . .)²

Subj. im Präd.
Latinos servandos curaverunt, Graecos (quia [ad . . . pertinere] existimabant),

Subj. Präd.
praetor ⟨ex . . . facto igne⟩ . . . cremavit.

Der Reiz dieses Satzes (jedenfalls für einen Lateinlehrer) besteht darin, daß er die für das Lateinische typischen Konstruktionen (Abl. m. Part., Gerundivum, AcI) in ziemlicher Menge in einer Periode vereint, die keine ungewöhnlichen Wörter enthält und keine besonderen Sachkenntnisse beim Übersetzer voraussetzt. Man muß sie also, vorausgesetzt, man ist in der Grammatik trittfest, übersetzen können und kommt dann zu folgendem Sachverhalt:

b) Bei den alten Römern wurde sehr gewissenhaft auf Erhaltung der Frömmigkeit geachtet – was kommt, ist dafür ein Beispiel (*si quidem:* wenn nämlich, weil ja; absolut: jedenfalls):

Jedenfalls ließen sie (die *maiores*) die lateinischen (Bücher) aufbewahren, die griechischen ließ der Prätor verbrennen.

Wie kam es zu der Bücherverbrennung?

Bauern hatten etwas tiefer gepflügt – zwei Kisten waren gefunden worden – in einer, das entnahm man einer Inschrift – hatte sich der Leichnam des Numa befunden, in der anderen waren je sieben lateinische und griechische Bücher, jene über das priesterliche Recht, diese über die Unterweisung in der Philosophie.

Der Schlußsatz greift auf die Einleitung zurück:

Die Alten wollten nichts im römischen Staat bewahren, was die Leute von der gewissenhaften Verehrung der Götter hätte abbringen können.

Bevor wir an die Formulierung einer Übersetzung gehen, vergegenwärtigen wir uns noch die „Feinstrukturen" des Satzgebildes; zunächst fällt auf, daß die Subjekte mehrfach wechseln:

HS: cura   (acta est)

GS1:   Subj. im Ausgang *-nt (curaverunt)*; sinngemäß zu ergänzen: maiores; praetor   (cremavit)

GS1:   (quia . . .): Subj. im Ausgang *-nt (existimabant)*; erg. maiores

GS2:   (1. Hälfte)   scriptura   (indicabat)
(2. Hälfte)   libri   (reconditi erant)

Versucht man den **GS2** wörtlich zu übersetzen, dann stößt man sich an dem Nebeneinander eines verschränkten Relativsatzes (mit AcI) und eines „normalen" Relativsatzes, dessen Pronomen man sich allerdings ergänzen muß.

Weitere Abhängigkeiten:

conservandae religionis . . . zu *cura* (Objektsgenitiv; Sorge um/für . . .)
sub Ianiculo: kann sinngemäß zu beiden Abl. m. Part. bezogen werden. Wo pflügten die Bauern? Wo fand man die Kisten?
terram altius: Akk. Obj. und Adverb zu *versantibus*
de iure . . .: zu *libri Latini septem*
de disciplina: zu *septemque (libri) Graeci*

Latinos magnā (cum) diligentā servandos: zu *curaverunt*; in Verbindung mit diesem
Verb begegnen häufig Gerundivkonstruktionen, vgl. *Caesar pontem faciendum
curavit* (sorgte für den Bau der Brücke / ließ eine Brücke bauen)
aliqua ex parte: in irgendeiner Hinsicht (vgl. *omnibus ex partibus perfectum*, S. 85),
zu *pertinere*
ad solvendam religionem: Gerundivkonstruktion, ebenfalls zu *pertinere*
ex auctoritate senatus: zu *cremavit*, ebenso wie der Abl. m. Part. *facto igne* und die
Ortsangabe *in conspectu*.

Im letzten Satz des Textes begegnen wir wieder einmal der ,,Frontstellung der Nega-
tion", vgl. S. 30, einem konsekutiven Relativsatz (nichts von der Art, daß dadurch . . .)
und in *a cultu observando* einer Gerundivkonstruktion.

Ü:

Große Sorge verwandten unsere Vorfahren auf die Erhaltung der Frömmigkeit. (Betrachten wir dazu ein Beispiel):

Am Fuß des Janiculum hatten Bauern die Erde ziemlich tief umgepflügt (*versare:*
wenden); dabei waren zwei steinerne Kisten gefunden worden. In der einen, so besagte
eine Inschrift, hatte sich der Leichnam des Numa Pompilius befunden, in der anderen
waren sieben lateinische Bücher über das priesterliche Recht und sieben griechische
über die Unterweisung in der Philosophie enthalten. (Unsere Vorfahren) ließen die
lateinischen Schriften sehr sorgfältig aufbewahren; die griechischen (jedoch) ver-
brannte auf Anweisung des Senats hin der Prätor vor allem Volk (nachdem man ein
Feuer gemacht hatte vor den Augen des Volks). Man glaubte nämlich (weil sie, die
Vorfahren, glaubten), daß sie in irgendeiner Hinsicht auf die Zerstörung des religiösen
Gefühls abzielten. Es war der Wunsch jener ehrwürdigen Männer, nichts in diesem
Staat zu bewahren, wodurch die Menschen von der Beobachtung des Götterkults
hätten abgelenkt werden können.

5.13 Nur der Mensch kann Gott erkennen

Cum saepe philosophi per ignorantiam veritatis
a ratione desciverint atque in errores inciderint
3 inextricabiles – id enim solet his evenire, quod
viatori viam nescienti et non fatenti se ignorare,
ut vagetur, dum percontari obvios erubescit –,
6 illud tamen nullus philosophus adseruit umquam
nihil inter hominem ac pecudes interesse. Nec
omnino quisquam, qui modo vel leviter sapiens
9 videri vellet, rationale animal cum mutis et inra-
tionalibus coaequavit: quod faciunt quidam inperiti atque ipsis pecudibus similes, qui, cum
12 ventri ac voluptati se velint tradere, aiunt eadem
ratione se natos, qua universa, quae spirant; quod
dici ab homine fas non est.
15 Quis enim tam indoctus, ut nesciat, quis tam
imprudens, ut non sentiat inesse aliquid in homine
divini? Nondum venio ad virtutes animi et ingenii,
18 quibus homini cum deo manifesta cognatio est:
nonne ipsius corporis status et oris figura declarat
non esse nos cum mutis pecudibus aequales? Illa-
21 rum natura in humum pabulumque prostrata est
nec habet quicquam commune cum caelo, quod
non intuetur. Homo autem recto statu, ore
24 sublimi ad contemplationem mundi excitatus
confert cum deo vultum et rationem ratio cognoscit. Propterea nullum est animal, ut ait Cicero,
27 praeter hominem, quod habeat notitiam aliquam
dei. Solus enim sapientia instructus est, ut religionem solus intellegat, et haec est hominis atque
30 mutorum vel praecipua vel sola distantia . . .
Cum vero a ceteris animalibus hoc paene solo
differamus, quod soli omnium divinam vim pote-
33 statemque sentimus, in illis autem nullus sit
intellectus dei, certe illud fieri non potest, ut in
hoc vel muta plus sapiant vel humana natura
36 desipiat, cum homini ob sapientiam et cuncta,
quae spirant, et omnis rerum natura subiecta sit.

3) **inextricabilis, -e:** unentwirrbar
6) **adserere** (hier): behaupten
36) **desipere:** töricht sein, unwissend
   sein

Zum Text: Lactantius, De ira dei 7,1 ff, Reifeprüfung für Gymnasien mit Latein als 1. Fremdsprache in Bayern 1968; wir haben uns auf die originalen Angaben beschränkt und rechnen damit, daß Sie mittlerweile hinreichend Routine im Ableiten von Wörtern, die dem Grundwortschatz nicht angehören, erworben haben. Unsere Übungen helfen dabei!

V:

1) ignorantia, -ae: welche Wörter gleichen Stamms lassen sich anführen?
veritas, -atis: Sinn an dieser Stelle?

2) a ratione de-sciscere (= deficere): was ist gemeint?

4) fatenti: Grundform? Wortart?

5) percontari: Synonyme?
obvios: Zusammensetzung?
erubescit: Stamm? Bedeutung des Worts an dieser Stelle? Wodurch ersetzbar?

7) pecudes: Wortart? Stammverwandte Wörter?

8) modo: Bedeutungsbereich?

9) rationalis, -e: Bedeutungsgehalt des Suffixes? Vergleichbar gebildete Adjektive?
mutis: Grundform?

10) coaequavit: Stamm? Ableitungen davon?

12) aiunt: wodurch ersetzbar?
ratio: vergleichen Sie die Bedeutung, die das Wort hier hat, mit der in *Z. 2* anzunehmenden!

18) manifestus, -a, -um: Bestandteile des Worts?
cognatio, -onis: zu welchem Verbum?

19) oris: Grundform? Bedeutung?
figura, -ae: Verb dazu?
declarat: Stamm?

21) natura: Sinn an dieser Stelle? Bedeutungsspektrum?
pabulum: von welchem Verb abzuleiten?
prostrata: Grundform?

23) intueri: Synonyme?

24) sublimi: Wortart, Bedeutung?
ad contemplationem mundi: bitte versuchen Sie den Ausdruck in eine Gerundivkonstruktion zu verwandeln, darauf in einen finalen Relativsatz!

25) vultum: Synonym (im Text bereits erschienen!)?

25/26) cognoscit: Stamm?

28/29) religio, -onis: Bedeutungsspektrum?

30) praecipua: Wortart, Stamm, Bedeutung?

　　　distantia, -ae: Verbum dazu?

36) ob: Wortart? Synonyme?

37) spirare: Substantiv dazu?

G:

1) cum: Sinnrichtung?

3) quod: Wortart?

4) viatori: wovon abhängig?

　　viam: wovon abhängig?

　　se ignorare: wovon abhängig?

5) ut vagetur: welcher Satz wird nun fortgeführt?

8/9) qui . . . vellet: warum Konjunktiv?

10) quod: Wortart?

13) qua: worauf bezogen?

17) divini: Kasus? Funktion?

22) quod: Beziehung? Wortart?

27) quod habeat: warum Konjunktiv?

28) dei: wovon abhängig?

32) quod: Wortart?

34) fieri non potest, ut: verkürzende Übersetzung?

S:

11/12) qui cum ventri ac voluptati se velint tradere: Stilmittel?

15/16) quis tam indoctus . . . sentiat: Stilfigur?

23–26) homo . . . recto statu, ore sublimi . . . confert vultum et rationem ratio cognoscit:
　　　　Gliederungsprinzip des Satzes?

Ü:

Der erste Satz des Texts ist etwas verschachtelt angelegt und kann unter Umständen den Einstieg erschweren; bitte analysieren Sie ihn durch Wegklammern und ggf. durch Abheben der einzelnen Satzebenen! Im übrigen sollten Sie feststellen, an welchen Stellen die in der Überschrift gemachte Aussage besonders deutlich hervortritt, und anhand der auf Anhieb erfaßten Passagen die Argumentation des Lactantius erschließen!

I:

1. Stellen Sie fest, mit welchem Argument des Lactantius folgende Zitate in Zusammenhang gebracht werden können und welche Auffassung ihnen zugrunde liegt:

   Sallust, Coniuratio Catilinae 1:

   (pecora), quae natura prona atque ventri oboedientia finxit.

   Ovid, Metamorphosen I 84 ff.:

   Pronaque cum spectent animalia cetera terram,
   os homini sublime dedit caelumque videre
   iussit et erectos ad sidera tollere vultus.

   Seneca, De otio 5, 2:

   (Natura) circumspectum omnium nobis dedit; nec erexit tantum hominem, sed etiam contemplandis sideribus aptum fecit, ut ab ortu in occasum labentia prosequi posset: sublime enim fecit illi caput . . .

2. Mit welchem wissenschaftlichen Begriff belegen wir eine derartige Argumentation? Bitte kreuzen Sie unter den folgenden den zutreffenden an!

   ☐ theologisch ☐ theogonisch ☐ theosophisch ☐ teleologisch ☐ theoretisch

3. Antike Erkenntnistheoretiker gingen von der Annahme aus, Gleiches könne nur durch Gleiches erkannt werden; an welcher Stelle des Textes folgt Laktanz besonders deutlich dieser Ansicht?

4. „omnis rerum natura" erinnert an den Titel eines philosophischen Lehrgedichts: „De rerum natura"; nennen Sie den Verfasser, die Lehre, die er abhandelt und die Absicht des Autors, die mit dieser Schrift erklärtermaßen verfolgt wurde.

5. „ventri ac voluptati se tradere" – es gab bestimmte Philosophen, die zu einem exzessiven Lebensgenuß rieten.
   Wie bezeichnen wir eine solche Philosophie?

Lösungen:

V:

1) ignorare; ignarus, -a, -um
   veritas bedeutet hier Wahrheit im Sinne von *verum, -i:* das Wahre

2) ratio steht im Gegensatz zu *error*; man kann daher den Ausdruck bildlich übertragen: vom rechten Weg abkommen (wörtl.: von der Vernunft abfallen)

4) fateri (fassus sum); Deponens

5) quaerere, rogare

ob-viam (den Weg entgegenkommend), vgl. *obviam ire:* begegnen

e-rub-escere zu *ruber, -ra, -rum:* rot, also: erröten (das Bildungselement *-sco* kennzeichnet den Beginn eines Vorgangs, es ist häufig bei den Verba incohativa). Hier ist *erubescit* übertragen gebraucht im Sinne von *eum pudet* (er schämt sich).

7) Subst. *pecus, pecudis* (Stück Vieh), verwandt mit *pecus, -oris* (Kleinvieh) und *pecunia, -ae* (Geld; wir erkennen die Bedeutungsübertragung vom Vieh als Gegenstand des Tauschhandels auf das geprägte Metall)

8) modo: Abl. von *modus,* z.B. in *quo modo:* auf welche Weise, wie;

Adverb: nur *(non modo, sed etiam),* doch nur *(praebe modo aures:* hör doch nur zu!); eben *(modo scribebam),* sogleich *(modo eveniet:* das wird gleich geschehen)

Konjunktion mit Konjunktiv: wenn nur *(= dum, dummodo)*

9) -alis, -e ist ein typisches Eigenschafts-Suffix, entsprechend dem deutschen -lich, -ig; vgl. *annalis, liberalis, glacialis*

mutus, -a, -um: stumm

10) aequus, -a, -um: gleich, billig, gerecht; *aequalis* (s.o.!): gleichaltrig, zeitgenössisch; *aequitas, -atis; in-iquus, -a, -um; aequare* (gleichmachen, gleichkommen)

12) dicunt, contendunt, affirmant und andere verba dicendi

der Vergleich macht wieder auf das weite Bedeutungsspektrum von *ratio* aufmerksam (↗S. 73 f.!); was an der fraglichen Stelle paßt, läßt sich nur *ratione* (methodisch!) ermitteln:

Es ist wenig wahrscheinlich, daß an die Art und Weise gedacht ist, auf die Menschen und Tiere auf die Welt kommen; eher dürfen wir annehmen, daß nach Ansicht der *quidam inperiti* die Natur aufgrund derselben *ratio (= eodem consilio)* Tiere und Menschen hervorbringe, also „mit derselben Bestimmung".

18) manus, -us (Hand) und *(of-)fendo* (ich stoße an): „handgreiflich"

nasci: geboren werden, Part. Perf. *natus*

19) os, oris n (Gesicht, Mund)

figura, -ae zu fingere (formen, bilden)

clarus, -a, -um, also: *de-clarare* = er-klären

21) natura bezeichnet hier das Wesen, das arttypische Verhalten, die natürliche Bestimmung, der die Tiere folgen: dasselbe Wort kann auch Geburt, Charakter, Welt, Weltordnung, Naturgesetz, Element und Geschöpf bedeuten.

pa-bulum, -i (Futter) zu *pa-sci, pastus sum* (weiden, sich nähren)

pro-sternere (prostravi); sinngemäß ist gemeint, daß ein Naturgesetz die Tiere sozusagen niederzwingt, ↗I 1!

23) spectare, aspicere, contemplari

24) sublimis, -e (Adj.): hoch erhoben (aus *sub* und *limen, -minis:* Türbalken – bis unter den Türbalken reichend)
ad mundum contemplandum – qui mundum contemplaretur

25) os, oris

25/26) no-sco (erkennen, Perf. *novi:* ich kenne, weiß, PPP *notus, -a, -um:* bekannt, Ggs. *i-gnotus,* davon *i-gnoscere:* verzeihen, eigtl. „nicht mehr kennen wollen"; *notitia, -ae, nota, -ae, nomen, -minis* und *ignominia, -ae,* dazu *nobilis, -e* lassen sich gleichfalls auf den Stamm *(g)no-* zurückführen)

28/29) (abergläubisches) Bedenken, Zweifel, Sorge, Skrupel, Gewissenhaftigkeit, Frömmigkeit, Gottesdienst, Kult, heiliger Gegenstand, Gotteslästerung, Fluch, Sünde

30) di-stare (entfernt sein)
praecipuus, -a, -um, zu *capere;* vor-nehmlich, hauptsächlich

36) Präposition m. Akk.; Synonyme sind *propter* und (seltener) *per* sowie *adversus* (gegen) und *ante* (vor) in begrenzten Bedeutungsbereichen.

37) spiritus, -ūs: Atem, Geist

G:

1) konzessiv: obwohl, u. U. auch adversativ: während (dagegen)

3) Relativum, bezogen auf *idem* (dasselbe wie!)

4) viatori gehört zu *evenire, viam* zu *nescienti*
der AcI ist von *fatenti* abhängig

5) mit dem *ut*-Satz wird an *evenire (evenit, ut:* es geschieht, daß) angeschlossen.

8/9) konsekutiver Sinn (einer von der Art, daß er . . .)

10) Relativpronomen im relativen Satzanschluß, ebenso auch in *Z. 13*

13) qua gehört zu *ratione (eadem ratione, qua:* unter derselben Bestimmung wie), darf also nicht mit dem adverbial erstarrten *qua* (erg. *via*) verwechselt werden.

17) Gen. partitivus, abh. von *aliquid:* etwas Göttliches

22) Relativpronomen, bezogen auf *caelum* (mit dem Himmel, d e n es nicht . . .); das andere Genus im Deutschen kann sich als Verständnisbarriere erweisen, vgl. *bellum, quod:* der Krieg, der . . .

27) konsekutiver Sinn (kein derartiges, daß es hätte . . .)

28) Objektsgenitiv zu *notitiam* (Kenntnis von Gott, Gotteserkenntnis)

32) Konjunktion, sog. faktisches *quod* (fast allein in dem Punkt, daß . . .); Übersetzung mit da/weil vermeiden!

34) „unmöglich"

S:

11/12) Alliteration (v – v – v)

15/16) vielfacher Anapher: quis – tam – in- – ut

23–26) äußerer und innerer Chiasmus:

homo confert vultum   (a b c)   recto statu

rationem ratio cognoscit   (c a b)   ore sublimi

Ü:

Satzanalyse durch Wegklammern:

(Cum . . . philosophi . . . desciverint atque . . . inciderint –

in Parenthese, d. h. als konstruktiv nicht verfugter Einschub:

id solet evenire, (quod viatori viam nescienti et non fatenti se ignorare) (ut vagetur) ([2]dum obvios percontari erubescit)[2] –)

illud tamen **nullus philosophus adseruit** . . . nihil . . . interesse

Satzebenen:

HS: illud . . . nullus philosophus adseruit (+ AcI)

GS 1: cum philosophi a ratione desciverint atque . . . inciderint

Parenthese, mit *id* sinngemäß auf *desciscere / incidere* bezogen:

HS: id enim solet his evenire

GS 1: quod viatori (evenit) – ut vagetur (Konsekutivsatz!)

Participium coniunctum
(zweigliedrig, mit einem Akk. Obj. und einem AcI)

GS 2: dum erubescit (+ Inf.)

Übersetzung:

Obwohl Philosophen oft aus Unkenntnis der Wahrheit vom Weg der Vernunft abkamen und sich in unentwirrbare Irrtümer verstrickten – in der Regel geht es ihnen (den Philosophen) ebenso wie einem Wanderer, der den Weg nicht kennt und sein Unwissen nicht zugibt, so daß er in die Irre geht, weil (während) er sich schämt, die ihm Begegnenden nach dem Weg zu fragen – (obwohl das also so ist), hat doch noch nie ein Philosoph (kein Ph. je) jene Behauptung aufgestellt, daß kein Unterschied zwischen dem Menschen und den Tieren bestehe.

Überhaupt hat noch niemand, der auch nur ganz obenhin als vernünftig erscheinen wollte, das vernunftbegabte Lebewesen mit den sprach- und vernunftlosen auf die gleiche Stufe gestellt; das tun (nur) einige Ungebildete und den Tieren selbst ähnliche Leute, die, weil sie sich den niederen Lüsten (Freuden des Bauches: Hendiadyoin) hingeben wollen, behaupten, sie seien mit der gleichen Bestimmung auf die Welt gekommen wie alles, was atmet. Das darf ein Mensch nicht sagen (darf von einem Menschen nicht gesagt werden).

Wer nämlich ist so ungebildet, daß er nicht wüßte, wer so töricht, daß er nicht das Vorhandensein von etwas Göttlichem im Menschen fühlte (. . . daß etwas . . . vorhanden ist).

Ich spreche noch nicht (komme noch nicht zu) von den geistigen Kräften, wodurch die Verwandtschaft des Menschen mit Gott offensichtlich wird (durch die der Mensch eine offensichtliche Verwandtschaft mit Gott hat): Zeigt nicht allein schon die Haltung des Körpers und die Bildung des Gesichts klar und deutlich, daß wir nicht mit dem stummen Vieh vergleichbar sind?

Dessen wesensmäßige Bestimmung ist auf den Boden und auf das Futter gerichtet und hat nichts gemeinsam mit dem Himmel, den es nicht betrachtet (wörtl. Sg., bezogen auf *natura*).

Der Mensch aber ist durch seine aufrechte Haltung, durch sein hoch erhobenes Gesicht zur Betrachtung der Welt aufgerufen, blickt Gott ins Antlitz (bringt seinen Blick mit Gott zusammen; denkbar wäre auch: vergleicht seinen Gesichtsausdruck mit Gott), und (seine) Vernunft erkennt die Vernunft (Gottes).

Deshalb gibt es kein Lebewesen mit Ausnahme des Menschen, wie Cicero sagt, das irgendeine Kenntnis von Gott hätte. Der Mensch allein verfügt nämlich über Weisheit (ist ausgestattet mit . . .), so daß er (oder: damit er) als einziger einen Sinn für Frömmigkeit entwickelt („*religio*" einsieht), und darin besteht (dies ist) entweder der hauptsächliche oder (sogar) der einzige Unterschied zwischen Mensch und Tier (des Menschen und der stummen Tiere)!

Da wir uns nun von den restlichen Lebewesen fast nur in diesem einen Punkt unterscheiden, daß wir als einzige von allen die göttliche Allmacht (*vim et potestatem* als Hendiadyoin aufgefaßt: „unendliche Macht") fühlen, während sie keine Vorstellung von Gott besitzen (in jenen aber kein Empfinden Gottes vorhanden ist), ist es gewiß undenkbar, daß in diesem Punkt die Tiere mehr Wissen besäßen beziehungsweise der Mensch (das Wesen des Menschen) unwissend sei, da doch dem Menschen aufgrund seines Verstandes sowohl alles, was atmet, wie auch die ganze (unbelebte) Natur untertan ist.

I:

1. In die gleiche Richtung wie die angeführten Zitate zielt *Z. 20 ff.* des Laktanztexts (Illarum natura in humum pabulumque prostrata est nec habet quicquam commune cum caelo, quod non intuetur), die in einem Teilbereich bereits in *11 f.* präludiert wird *(pecudibus similes . . . ventri ac voluptati)*; diesem häufig gebrauchten Argument (Fachbegriff: Topos), der an der biologischen Realität nur bedingt meßbar ist, da ja keineswegs alle Tiere „den Kopf zur Erde senken wie das Vieh", liegt die Auffassung zugrunde, die Natur habe dem Menschen seinen aufrechten Gang und die Möglichkeit, den Himmel anzublicken, in der Absicht verliehen, daß er seine Aufmerksamkeit dem Über-irdischen *(sidera!)* zuwende, während die Tiere bereits durch ihre Körperhaltung und das Fehlen der Sprache *(muta!)* von diesen Bereichen ausgeschlossen seien.

2. Diese Gedankenführung ist als teleologisch (gr.: zielbestimmt) zu bezeichnen; sie setzt ja voraus, daß die Natur oder ein Schöpfer eine ganz bestimmte Absicht verfolgte, als sie bzw. er seinem Geschöpf eine bestimmte Gestalt gab.
   Heutige Naturwissenschaft geht demgegenüber in der Regel von der Annahme aus, daß Erscheinungsform und Verhalten Ergebnisse eines Auslese- oder Anpassungsprozesses sind; absolut fremd ist teleologisches Denken dem Darwinismus und dem klassischen Behaviorismus.

3. „rationem ratio cognoscit" *(Z. 25 f.)* spiegelt deutlich die Auffassung, daß zwischen dem Wahrnehmenden und dem Wahrgenommenen eine qualitative Übereinstimmung herrschen muß; deshalb vermuteten z. B. antike Naturphilosophen, das Auge sende wie eine Lampe Lichtstrahlen aus und nehme das Licht der Sonne nur deshalb wahr, weil es selbst eine Sonne im kleinen sei.

4. Das Lehrgedicht „De rerum natura" verfaßte Lucretius Carus (1. Jh. v. Chr.); in sechs Büchern behandelt er die atomistisch-materialistische Lehre Epikurs mit dem Ziel, die Menschen von grundloser Todes- und Götterfurcht zu befreien, indem er ihr Wissen erweitert, sie über die „*causae rerum*" aufklärt und die Menschheitsentwicklung als logischen, aber nicht durch überirdische Eingriffe beeinflußten Ablauf darstellt.

5. Wer ausschließlich die Lust als Motiv und Ziel menschlichen Handelns bezeichnet, huldigt dem Hedonismus (von gr. hedoné: Lust); die von Aristippos begründete Lehre wirkte zweifellos auf den Epikureismus, doch geht dieser davon aus, daß der Mensch versuchen solle, möglichst viel Lust unter möglichst wenig Unlust zu gewinnen. Ein echter Epikureer wird sich daher nicht in wilde Orgien stürzen, weil er weiß, daß er für das kurze Vergnügen mit Unlust in Form körperlicher Beschwerden büßen muß.

5.14 Erfülltes Leben

Multos inveni aequos adversus homines, adversus
deos neminem.Obiurgamus cotidie fatum:,,Quare
3 ille in medio cursu raptus est? Quare ille non
rapitur? Quare senectutem et sibi et aliis gravem
extendit?" Utrum, obsecro te, aequius iudicas te
6 naturae an tibi parere naturam? Quid autem
interest, quam cito exeas, unde utique exeundum
est? Non, ut diu vivamus, curandum est, sed ut
9 satis: nam, ut diu vivas, fato opus est, ut satis,
animo.

Longa est vita, si plena est.
12 Quid illum octoginta anni iuvant per inertiam
exacti?

Non vixit iste, sed in vita moratus est, nec sero
15 mortuus est, sed diu.

Octoginta annis vixit.

Interest, mortem eius ex quo die numeres.
18 At ille obiit viridis.

Sed officia boni civis, boni amici, boni filii exsecu-
tus est: in nulla parte cessavit. Licet aetas eius
21 imperfecta sit, vita perfecta est.

Octoginta annis vixit.

Immo octoginta annis fuit, nisi forte sic vixisse
24 eum dicis, quomodo dicuntur arbores vivere.
Obsecro te, Lucili, hoc agamus, ut, quemadmodum pretiosa rerum, sic vita nostra non multum
27 pateat, sed multum pendeat. Actu illam metia-
mur, non tempore. Vis scire, quid inter hunc in-
tersit vegetum contemptoremque fortunae, func-
30 tum omnibus vitae humanae stipendiis atque in
summum bonum eius evectum, et illum, cui
multi anni transmissi sunt? Alter post mortem
33 quoque est, alter ante mortem periit.

Laudemus itaque et in numero felicium repona-
mus eum, cui, quantulumcumque temporis con-
36 tigit, bene collocatum est. Vidit enim veram
lucem, non fuit unus e multis: et vixit et viguit.

2) **obiurgare:** schelten, Vorwürfe machen
18) **viridis, -e** (hier): jugendlich
29) **vegetus, -a, -um:** tatkräftig, regsam
36) **collocare** (hier): anlegen

Aliquando sereno caelo usus est, aliquando, ut
39 solet, validi sideris fulgor per nubila emicuit.
Quid quaeris, quamdiu vixerit?
Vivit: ad posteros usque transiluit et se in memo-
42 riam dedit.

Zum Text: Seneca, ep. ad Lucilium 93 (in Auswahl). Abiturtext 1975 an bayerischen Gymnasien mit Latein als
1. Fremdsprache.

Bitte suchen Sie nun nicht nach **V**, **G** oder **S** – wir proben nämlich den Ernstfall,
das heißt, Sie versuchen diesen Text unter Prüfungsbedingungen zu bewältigen. Sie
haben 180 Minuten Zeit dafür; die „zusätzlichen Aufgaben" sollen Sie in weiteren
60 Minuten beantworten. Was die Länge unseres Texts angeht, so liegt er an der
oberen Grenze dessen, was im Leistungskurs zu erwarten ist. Grundkursteilnehmer
der Kollegstufe haben mit maximal 180 Wörtern (Arbeitszeit 120 Minuten) zu
rechnen.
Sehen Sie nun bitte auf die Uhr und legen Sie los!

Ü:

Wir haben natürlich nichts dagegen, wenn Sie das nun vertraute System anwenden,
sich zuerst über den Wortbestand, dann über die konstruktiven Elemente und schließlich über die inhaltlichen Zusammenhänge des Texts klar zu werden suchen und erst
danach Ihre Übersetzung hinschreiben!

L

Z:

1. *Multos (aequos inveni) adversus homines, adversus deos neminem:*
   Welche Stilfigur tritt uns hier entgegen?
   Wählen Sie aus den folgenden sechs die richtige aus!

   ☐ Hendiadyoin   ☐ Epipher   ☐ Hyperbaton

   ☐ Chiasmus   ☐ Allitteration   ☐ Homoioteleuton

2. Nennen Sie Lebensdaten und wichtigste Werke Senecas!

3. Geben Sie die etymologische Wurzel des Wortes *fatum* an!

4. curandum est *(Z. 8)*: identifizieren Sie die syntaktische Struktur!

5. Interest, mortem eius ex quo die numeres *(Z. 17):*

Begründen Sie den Konjunktiv *numeres* und erläutern Sie den Aufbau des kurzen Satzgefüges!

6. Beschreiben Sie anhand des vorliegenden Texts die Stileigenheiten Senecas!

7. Analysieren, übersetzen und interpretieren Sie die folgende Sentenz:

Multa patiendo venient, quae nequeas pati.

8. Definieren Sie den literarischen Gattungsbegriff „Satire" für den römischen Bereich!

9. Bestimmen Sie das metrische Schema des folgenden Verses:

Ibam forte via sacra, sicut meus est mos

10. Beschreiben Sie die bekannte Theorie eines „Kreislaufs der Staatsverfassungen" und stellen Sie dar, mit welchen Argumenten Cicero zu erweisen sucht, daß die römische Verfassung dieser zyklischen Veränderung nicht unterworfen sei!

L

Auf zehn Fragen wechselnden Schwierigkeitsgrads in der Art der eben gestellten müssen Kollegiaten in Zukunft im Abitur gefaßt sein. Die Bewertung erfolgt nach einem Punktsystem, bei dem einfachere Aufgaben niedriger, komplexe, anspruchsvolle Lernziele abdeckende dagegen höher eingestuft werden.

Lösungen:

Ü:

Viele fand ich gerecht gegenüber Menschen, (gerecht) gegenüber den Göttern (dagegen) niemanden. Täglich schelten wir das Schicksal: „Warum wurde jener mitten aus der Lebensbahn herausgerissen? Warum wird jener nicht heimgeholt?
Warum bringt er ein für sich und die anderen beschwerliches Alter hin?"
Ich beschwöre Dich, hältst Du es für gerechter, daß Du der Natur zu folgen hast oder daß Dir die Natur gehorcht?

Erläuterungen zur Übersetzung:

in cursu: eigtl. „in der Bahn"

„heimholen" ist natürlich eine euphemistisch verharmlosende Wiedergabe von *rapi*

utrum ist Fragepartikel und darf nicht übersetzt werden

Was aber liegt daran, wie rasch du dahingehst, da man ja auf jeden Fall einmal scheiden muß? Es hat nicht unsere Sorge zu sein, lange zu leben, sondern hinreichend, denn daß man lange lebt, das hängt vom Schicksal ab, daß man ein erfülltes Leben verbringt (genug lebt), von der inneren Einstellung.

exire: eigtl. „hinausgehen", dazu *unde* (von wo)

opus est (m. Abl.): eigtl. „es ist nötig"; „dazu bedarf es des Schicksals"

Lang ist ein Leben, wenn es ausgefüllt ist. Was helfen jenem achtzig Jahre, die er in Untätigkeit hingebracht hat?

So ein Mensch hat nicht gelebt, sondern sein Dasein vertrödelt, und ist nicht spät, sondern lange (= über lange Zeit hin) gestorben.

in vita morari: eigtl. „sich im Leben aufhalten"

Achtzig Jahre hat er gelebt.

Wichtig ist, von welchem Tag ab Du ihn als tot betrachtest.

mortem eius numeres: wörtlich: „Du seinen Tod zählst"

Aber jener starb jung.

Er hat jedoch die Pflichten eines guten Bürgers, eines guten Freundes, eines guten Sohnes erfüllt; in keinem Bereich ließ er es an sich fehlen.

cessare: eigtl. „nachlassen"

Mag auch seine Lebenszeit unvollendet sein, sein Leben ist vollendet.

Achtzig Jahre hat er gelebt!

Er hat vielmehr achtzig Jahre lang vegetiert, falls Du nicht etwa erklärst, er habe so gelebt, wie Bäume leben sollen.

dicuntur mit NcI, in einen Vergleichssatz eingeschlossen

Ich beschwöre Dich, Lucilius: Wir sollten es darauf anlegen, daß unser Leben so, wie wertvolle Gegenstände, nicht nach seinem Umfang, sondern nach seinem Wert beurteilt werden kann.

pretiosa rerum: entweder Sg. f von *pretiosus* oder Pl. n; die Übersetzung „ein wertvoller Gegenstand" ist also auch möglich

Wollen wir es nach seiner Leistung (Tat), nicht nach seiner Länge (Zeit) messen!

multum pateat – multum pendeat: Seneca stellt räumliche Ausdehnung *(patere)* und Gewicht, Wert *(pendere)* einander gegenüber

Willst Du wissen, was für ein Unterschied besteht zwischen diesem tatkräftigen (Menschen) da, der das Schicksal verachtet, der alles, was er dem Leben schuldig war, geleistet hat und zum Besten vorgedrungen ist, das es uns schenken kann, und jenem, dem viele Jahre verstrichen sind?

contemptor: eigtl. Subst.: „Verächter"

stipendiis vitae fungi: dem Leben seinen Tribut zahlen

Der eine lebt (ist) auch nach dem Tod, der andere ist schon vor dem Sterben umgekommen.

Preisen wir daher denjenigen und rechnen ihn unter die (Zahl der) Glücklichen, der seine Lebenszeit gut anlegte, mochte sie auch noch so kurz bemessen sein.

Er sah nämlich das wahre Licht, er war nicht einer von den vielen: er lebte und war auch lebendig!

Irgendwann genoß er ungetrübtes Glück, irgendwann strahlte, wie es manchmal (gewöhnlich) geschieht, der Glanz des kraftvollen Gestirns (freier: die helle Sonne) durch die Wolken.

Was fragst Du, wie lange er gelebt hat?

Er lebt (noch): er hat sich einen Platz im Gedächtnis späterer Generationen gesichert.

ad summum eius bonum evectus: zu dessen höchstem Gut vorgedrungen (*e-vehi!*)

cui (Dat. auctoris)
collocatum est = *qui collocavit*
quantulumcumque: wie wenig auch immer; darauf bezogen ist der Gen. part. *temporis*
contingere (hier): zuteil werden

caelo sereno uti: heiteren Himmel genießen (*uti* m. Abl. (hier) = *frui*) ist hier metaphorisch aufzufassen

transiluit . . . dedit: er ist zu den Nachkommen hinübergelangt (-gesprungen) und hat sich (ihrem) Gedenken anvertraut.

Z:

1. Chiasmus:

multos — adversus homines

adversus deos — neminem

2. Seneca lebte von 4 v. Chr. bis 65 n. Chr.; als gebürtiger Spanier hatte er in Rom die übliche rhetorisch-philosophische Ausbildung erhalten. Während der ersten Regierungsjahre Neros übte er auf den von ihm erzogenen jungen Kaiser beträchtlichen Einfluß aus und erwarb sich ein riesiges Vermögen. Später kam es zur Entfremdung des Philosophen und des Tyrannen; Seneca wurde der Teilnahme an einer Verschwörung verdächtigt und mußte auf Geheiß Neros Selbstmord begehen.

Von seinen Werken sind die Epistulae morales als Beispiele der Anwendung stoischer Lebensweisheit zu nennen, ferner die kleineren philosophischen Schriften wie z. B. die Consolatio, De ira, De otio, De beneficiis, dazu die Apocolocyntosis, eine bissige Satire auf Neros Vorgänger Claudius, und die nicht zur Aufführung, sondern für den öffentlichen Vortrag bestimmten effektvollen, bisweilen etwas schwülstigen Dramen (Hercules furens u. a.), deren Nachwirkung auf die mittelalterliche und frühneuzeitliche Literatur vor allem in Frankreich sehr groß war.

3. *fa-ri* (sprechen, also eigtl. „Spruch"); die Wurzel finden wir auch in *fa-bula*, *in-fans*, *in-famia*.

4. es handelt sich um eine unpersönliche Gerundivkonstruktion („es ist zu sorgen", „man muß sorgen"); das Gerundiv ist ein vom Verbum gebildetes Nomen, das eine Möglichkeit oder Notwendigkeit ausdrückt. Zusammen mit Formen von *esse* bildet es die sog. coniugatio periphrastica passiva.

5. von *interest* hängt ein indirekter Fragesatz ab *(ex quo die . . . numeres)*, daher der Konjunktiv.

6. Seneca hat eine Vorliebe für kurze Sätze und für elliptische Ausdrucksweise (z. B. *adversus deos neminem* – zu ergänzen ist *aequum inveni*), Antithesen (starke Gegensätze, z. B.: *aetas imperfecta* – *vita perfecta*), Rhythmisierung *(per inertiam exacti)* und wirksame Pointen *(nec sero mortuus est, sed diu)*. Stilmittel setzt er gerne und virtuos ein, z. B. Anaphern *(boni civis, boni amici, boni filii)*, Hyperbata *(octoginta anni iuvant per inertiam exacti)*, Alliterationen und Gleichklänge (Assonanzen), z. B. in *non multum pateat, sed multum pendeat; et vixit et viguit*.

7. Es liegt nahe, *multa* als Subjekt zu *venient* aufzufassen und zu übersetzen:

Vieles stellt sich durch geduldiges Ertragen ein, was man nicht ertragen kann.

Multa kann jedoch auch als Objekt zu dem Gerundium *patiendo* betrachtet werden:

Dadurch, daß man / Wenn man vieles geduldig hinnimmt . . .

Die Konjunktivform *nequeas* kann konsekutiven Sinn des Relativsatzes signalisieren (*ea, quae . . . nequeas*: solche Dinge, daß man sie nicht mehr hinnehmen kann), aber auch einen Potentialis darstellen:

. . . was man wohl nicht hinzunehmen bereit ist.

Die Sentenz besagt sinngemäß, daß auch für einen Menschen, der bereit ist, viel hinzunehmen, einmal der Zeitpunkt kommt, wo das Gefäß überläuft, wo seine Geduld erschöpft ist.

8. Im Gegensatz zu den meisten anderen literarischen Gattungsbezeichnungen stammt der Begriff „Satire" nicht aus dem Griechischen, sondern aus dem Lateinischen; der alte Name der Kunstform war *satura*, womit auch eine Art Pastete, ein Potpourri im ursprünglichen Wortsinn bezeichnet werden konnte. Entsprechend war die *satura* ein „geistiges Mischgericht" (O. Weinreich), das verschiedene literarische Formen in sich schloß, Dichtung und Prosa mischte und wohl auch szenische Elemente in sich trug, immer mit dem Ziel wirkungsvoller Verspottung menschlicher Schwächen und damit der alten Komödie Griechenlands wesensverwandt. Dies bringt auch Horaz in sat. I 4 mit Blick auf Lucilius zum Ausdruck. Auch mit den Schriften des Kynikers Menippos ergeben sich Vergleichsmöglichkeiten, so daß man jene grenzüberschreitende *satura* auch als Menippea bezeichnet. Dies sollte aber nicht als Abhängigkeit verstanden werden.

Die „Satiren" des Horaz, Persius und Iuvenal meiden Abschweifungen in die Prosa oder Wechsel des Metrums; Senecas Apocolocyntosis dagegen folgt dem Vorbild des Lucilius oder Varro und ist das einzige vollständig erhaltene Beispiel einer Menippea.

9. Es handelt sich um die erste Verszeile der berühmten Schwätzersatire (I 9) des Horaz und damit um einen Hexameter folgenden Aufbaus:

$$- - \mid - \smile \smile \mid - - \mid - - \mid - \smile \smile \mid - -$$

Bemerkenswert sind die vielen Spondeen (– –) und die beiden einsilbigen Wörter am Schluß; die besondere Kunst des Horaz bestand darin, das Metrum des Hexameters fast unbemerkt zu verwenden – vieles klingt wie Prosa!

10. Die von Cicero im 1. Buch seines Werks De re publica referierte Theorie geht in ihren Wurzeln auf Platon, in ihrer Ausformung auf Polybios zurück, der drei Grundformen von Staatsverfassungen (Monarchie, Aristokratie, Demokratie) jeweils ihre Entartungen gegenüberstellte, nämlich die Tyrannei, die Oligarchie und die Ochlokratie. Wenn der Inhaber absoluter Macht sie mißbraucht und dadurch zum Tyrannen wird, beseitigen irgendwann mutige Männer aus der Oberschicht den Despoten und richten eine „Herrschaft der Besten" ein, die so lange Bestand hat, als sie nicht durch Bevorzugung weniger Privilegierter zur Klüngelwirtschaft absinkt, die eine Erhebung des Demos, der bürgerlichen Unterschicht, hinwegfegt. Gelangen dann in der Demokratie extreme Kräfte des radikalen Pöbels an die Macht (Ochlokratie = Herrschaft des Pöbels), dann wird der Ruf nach einem „starken Mann" laut, der schließlich zur Monarchie und in den Kreislauf zurückführt. Cicero sieht auch die drei Grundformen mit spezifischen Mängeln behaftet, die sozusagen die Wurzeln der Entartung in sich tragen, und bezeichnet die Verfassung als die beste, welche die Vorzüge aller drei Grundformen in sich mische. Dies scheint ihm bei der römischen Verfassung der Fall zu sein, in der das Konsulat ein monarchisches, der Senat ein aristokratisches und die Volksversammlung ein demokratisches Element darstelle. Nie sei zudem Roms politische Entwicklung in dem Maße von Einzelpersönlichkeiten bestimmt worden wie die anderer Staaten. Da er sich auf das Talent vieler bedeutender Männer stützen konnte, habe er größere Festigkeit erworben, die noch durch ein spezifisches Streben nach Gerechtigkeit vergrößert worden sei.

5.15 Lernzielorientierter Abschlußtest

Gratulamur, Sie sind durch! Nun haben Sie Gelegenheit, mit Hilfe einiger ausge-
wählter Fragen zu prüfen, ob unser Trainingsprogramm Sie gefördert hat.
Da jede der gestellten Aufgaben bereits in irgendeiner Form vorgekommen ist, können
wir auf einen Lösungsteil verzichten. Rückverweise ermöglichen es Ihnen, im Bedarfsfall nochmals nachzulesen.

V:

sensi:	Grundform, Wortart?	(↗ S. 40, Z. 38)
copia:	Stamm?	(↗ S. 73)
colere:	Bedeutungsspektrum?	(↗ S. 87, Z. 3)
officium:	Zusammensetzung, Grund-bedeutung?	(↗ S. 28, Z. 5)
dum:	Bedeutungsspektrum?	(↗ S. 88, Z. 32)
passos:	wovon abzuleiten?	(↗ S. 72, Z. 7)
difficultas rei:	gute Übersetzung?	(↗ S. 96, Z. 2)
eum prohibuit, ne . . .:	was kann an die Stelle von *ne* treten?	(↗ S. 98, Z. 3)
quamvis:	Synonyme?	(↗ S. 75, Z. 18)

G:

dixerit aliquis:	Modus?	(↗ S. 74, Z. 11)
ad pacem petendam:	Sinnrichtung der Gerundiv-konstruktion?	(↗ S. 88, Z. 12–14)
quid superest certi:	Kasus/Funktion von *certi*?	(↗ S. 90, Z. 47)
ipsae pecudes:	Übersetzungsmöglichkeiten?	(↗ S. 74, Z. 15)
misit, qui dicant:	warum Konjunktiv?	(↗ S. 99, Z. 20)

Germani, qui auxilio venie-
bant, audita clade sociorum
suorum in patriam redie-
runt: was bezeichnet hier das Imper-
              fekt?   (↗S. 28, Z. 1 ff.)

S:

petivit atque oravit: Ausdrucksweise?   (↗S. 31, Z. 8 u. 13)
videsne, unde tantus dolor?
periit iustitia, iniuria
    triumphat: Stilmittel?   (↗S. 130, Z. 23–26)

Ü:

In jeder der folgenden Übersetzungen steckt ein typischer Mangel!

1. Rex isti equiti filiam suam pollicitus est,
    si draconem, qui terram vastaret, interemisset.
    Der König versprach jenem Ritter seine Tochter (zur Frau),
      wenn er den Drachen, der das Land verwüste, getötet hätte. (↗S. 83)

2. Si aliqui est ei pudor . . .
    Wenn er irgendein Schamgefühl besitzt.   (↗S. 36, Z. 3)

3. Nihil inveni nisi pravam superstitionem immodicam.
    Ich fand nichts, wenn nicht einen verkehrten,
      maßlosen Aberglauben.   (↗S. 37, Z. 9)

4. Decima legio Caesari gratias egit, quod
    de se optimum iudicium fecisset.
    Die zehnte Legion bedankte sich bei Caesar,
      da er über sie ein sehr günstiges Urteil gefällt hatte.   (↗S. 74, Z. 4/5)

5. Finiamus bellum, quod iam pridem finiri debuit!
    Beenden wir den Krieg, weil er schon lange
      hätte beendet werden müssen!   (↗S. 129, Z. 22)

6. Hoc ipsum sensimus.
    Das haben wir selbst gespürt.   (↗S. 74, Z. 15)

7. Accurrit forte amicus quidam me adiuturus.
    Ein Freund von mir eilte tapfer herbei,
      um mir beizustehen.   (↗S. 38, Z. 19)

Z:

Mehrfachauswahlaufgaben für Kollegiaten, entsprechend den Lernzielen des bayerischen Lehrplans:

1. Nil nimium studeo, Caesar, tibi velle placere,
   nec scire, utrum sis albus an ater homo.

   Das Metrum dieser beiden Zeilen ist

   ☐ der Hexameter   ☐ der Hendekasyllabus   ☐ das Distichon (Hexameter und Pentameter)   ☐ der Hinkiambus

   Das Gedicht ist zu bezeichnen als

   ☐ Satire   ☐ satura   ☐ Epigramm   ☐ Spottgedicht   ☐ Invektive

2. Die *carmina Burana* wurden vertont von

   ☐ Egk   ☐ Henze   ☐ Nono   ☐ Orff   ☐ Schubert

   Sie sind benannt nach

   ☐ dem Ort, an dem man sie fand   ☐ dem Finder   ☐ dem bäuerlichen Ton
   ☐ den Buren

3. Epoden sind uns erhalten von

   ☐ Martial   ☐ Juvenal   ☐ Petron   ☐ Horaz   ☐ Persius

4. Das berühmte *Corpus Iuris* geht zurück auf

   ☐ Trajan   ☐ Hadrian   ☐ Justinian   ☐ Ulpian

   Es entstand im   ☐ 1. Jh. n.Chr.   ☐ 2. Jh. n.Chr.   ☐ 4. Jh. v.Chr.
   ☐ 5. Jh. n.Chr.   ☐ 6. Jh. n.Chri

5. Die für das römische Rechtswesen bedeutsamen *edicta* wurden erlassen von den

   ☐ Prätoren   ☐ Quästoren   ☐ Konsuln   ☐ Diktatoren   ☐ Senatoren

   Sie galten formell für

   ☐ einen Tag   ☐ einen Monat   ☐ ein Jahr   ☐ unbegrenzt
   ☐ eine jeweils angegebene Zeit

6. Welches der folgenden Adjektive tritt bei Vergil in besonders enge Verbindung mit Aeneas?

   ☐ probus   ☐ iustus   ☐ pius   ☐ fortis   ☐ fidus   ☐ sanctus

7. *pars effugit, alii resistunt* – welche stilistische Erscheinung fällt hier auf?

   ☐ Chiasmus   ☐ Inkonzinnität   ☐ Anapher   ☐ Klimax   ☐ Hendiadyoin

Statuengruppe der Mörder des Tyrannen Hipparchos, Harmodios und Aristogeiton, das erste uns bekannte politische Denkmal. Nach einer Marmorkopie im Nationalmuseum Neapel; bei den verlorenen Originalen des Kritios und des Nesiotes handelte es sich um einen Bronzeguß.

⊞LU LINDAUERS HÄUSLICHER UNTERRICHT

* = in Vorbereitung. Fordern Sie bitte unsere Prospekte mit der gültigen Preisliste an!

J. LINDAUER VERLAG · 8 MÜNCHEN 33 · POSTFACH